A RETÓRICA DA INTRANSIGÊNCIA

ALBERT O. HIRSCHMAN

A retórica da intransigência
Perversidade, futilidade, ameaça

Tradução
Tomás Rosa Bueno

2ª edição

Copyright © 1991 by the President and Fellows of Harvard College
Publicado por acordo com a Harvard University Press

Grafia atualizada segundo o Acordo Ortográfico da Língua Portuguesa de 1990, que entrou em vigor no Brasil em 2009.

Título original
The rhetoric of reaction: Perversity, futility, jeopardy

Capa
Thiago Lacaz

Preparação
Jonas Pereira dos Santos

Revisão da tradução
Esther Hamburger

Revisão
Eduardo Russo
Maria Prado

Dados Internacionais de Catalogação na Publicação (CIP)
(Câmara Brasileira do Livro, SP, Brasil)

Hirschman, Albert O. (1915-2012).
A retórica da intransigência : Perversidade, futilidade, ameaça / Albert O. Hirschman : tradução Tomás Rosa Bueno. — 2ª ed. — São Paulo: Companhia das Letras, 2019.

Título original: The rhetoric of reaction : Perversity, futility, jeopardy.
ISBN 978-85-359-3236-2

1. Ciências políticas 2. Conservantismo 3. Conservantismo — História 4. Democracia 5. Política I. Título.

19-26244   CDD-320

Índice para catálogo sistemático:
1. Política 320

Maria Alice Ferreira — Bibliotecária — CRB-8/7964

[2019]
Todos os direitos desta edição reservados à
EDITORA SCHWARCZ S.A.
Rua Bandeira Paulista, 702, cj. 32
04532-002 — São Paulo — SP
Telefone: (11) 3707-3500
www.companhiadasletras.com.br
www.blogdacompanhia.com.br
facebook.com/companhiadasletras
instagram.com/companhiadasletras
twitter.com/cialetras

*Para Sarah,
minha primeira leitora e crítica
por cinquenta anos*

Sumário

Prefácio 9

1. Duzentos anos de retórica reacionária 13
   Três reações e três teses reacionárias 15
   Nota sobre o termo "reação" 19

2. A tese da perversidade 22
   A Revolução Francesa e a proclamação do efeito perverso 23
   O sufrágio universal e seus supostos efeitos perversos 30
   As Poor Laws e o Welfare State 37
   Reflexões sobre a tese da perversidade 45

3. A tese da futilidade 53
   Questionando a extensão das mudanças trazidas pela Revolução Francesa: Tocqueville 56
   Questionando a extensão das mudanças que podem ocorrer com o sufrágio universal: Mosca e Pareto 60

Questionando a extensão em que o Welfare State
"entrega os bens" aos pobres 70
Reflexões sobre a tese da futilidade 78

4. A tese da ameaça 90
A democracia como ameaça à liberdade 95
O Welfare State como ameaça à liberdade
  e à democracia 116
Reflexões sobre a tese da ameaça 127

5. As três teses comparadas e combinadas 138
Quadro sinóptico 138
A influência relativa das teses 142
Algumas interações simples 145
Uma interação mais complexa 149

6. Da retórica reacionária à retórica progressista 154
A ilusão da sinergia e a tese do perigo iminente ... 154
"Ter a história do nosso lado" 159
Contrapartidas da tese da perversidade 163

7. Além da intransigência 168
Uma virada na discussão? 168
Como *não* discutir em uma democracia 171

Agradecimentos 175
Notas 178

Prefácio

"Como é que alguém pode chegar a ser assim?" Em um conto de Jamaica Kincaid publicado na revista *New Yorker* (26 de junho de 1989, pp. 32-8), essa pergunta é feita repetida e insistentemente por uma moça do Caribe acerca de sua empregadora, Mariah — uma americana efusiva, amigável demais e um tanto chata, mãe de quatro crianças. No contexto, as diferenças de cunho racial e social fornecem grande parte da resposta. No entanto, quando li o conto, ocorreu-me que a pergunta de Kincaid — uma preocupação acerca da maciça, obstinada e exasperante alteridade dos outros — está no coração do presente livro.

A perturbadora experiência de ver-se excluído, não só das opiniões, mas de toda a experiência de vida de grande número dos nossos contemporâneos, é, com efeito, típica das sociedades democráticas modernas. Nestes dias de aclamação universal do modelo democrático, pode parecer mesquinho tratar das deficiências de funcionamento das democracias ocidentais. Porém é precisamente o desmoronamento espetacular e revigorante de certos muros que chama a atenção para os que permanecem intactos, ou para as fissuras que se aprofundam. Entre estas, uma pode ser encontrada com frequência nas democracias mais avançadas: a falta sistemática de comunicação entre grupos de cidadãos, tais como liberais e conservadores, progressistas e reacionários. O consequente isolamento desses diversos grupos parece-me mais preocupante que o isolamento de indivíduos anônimos na "sociedade de massas", à qual os sociólogos deram tanta importância.

Curiosamente, a própria estabilidade e o funcionamento adequado de uma sociedade democrática bem ordenada dependem de que seus cidadãos se alinhem em uns poucos grupos importantes (de preferência dois), detentores de opiniões diferentes acerca de questões políticas básicas. Pode facilmente acontecer que tais grupos se fechem uns aos outros — e, nesse sentido, a democracia gera continuamente seus próprios muros. Na medida em que o processo se nutre de si mesmo, cada grupo passará, em um dado momento, a perguntar-se sobre o outro, em total desconcerto e amiúde com repulsa mútua: "Como foi que eles chegaram a ser assim?".

Em meados dos anos 1980, quando este estudo teve início, era com certeza assim que muitos liberais dos Estados Unidos, inclusive eu, sentiam-se em relação ao ascendente e triunfante movimento conservador e neoconservador. Uma reação a tal estado de coisas foi investigar a mente, ou a personalidade, conservadora. Contudo esse tipo de ataque frontal e supostamente profundo pareceu-me pouco promissor: ele alargaria a fissura e levaria, além disso, a uma fascinação indevida pelo adversário endemoninhado. Daí a minha decisão de tentar fazer um exame mais "imparcial" de fenômenos "superficiais": discurso, argumentos e retórica, considerados histórica e analiticamente. No processo, seria possível ver esse discurso não tanto moldado por traços fundamentais de personalidade como, simplesmente, pelos *imperativos de argumentação*, quase sem considerar os desejos, o caráter ou as convicções dos participantes. Expor essas servidões poderia realmente ajudar a afrouxá-las, e dessa forma modificar o discurso e restaurar a comunicação.

Que o procedimento que adotei possui essas virtudes talvez seja demonstrado pela maneira com que minha análise da "retórica reacionária" volta-se sobre si mesma, no final do livro, para abranger sua variação liberal ou progressista — de certo modo, para minha própria surpresa.

Albert O. Hirschman

1. Duzentos anos de retórica reacionária

Em 1985, pouco tempo depois da reeleição de Ronald Reagan, a Fundação Ford iniciou um empreendimento ambicioso. Motivada, sem dúvida, pela preocupação acerca das crescentes críticas neoconservadoras à seguridade social e a outros programas de bem-estar social, a Fundação decidiu reunir um grupo de cidadãos que, após a devida deliberação e exame das melhores pesquisas disponíveis, emitiria uma opinião abalizada sobre as questões que estavam sendo discutidas então sob o rótulo de "A crise do Welfare State".[1]

Em uma magistral declaração de abertura, Ralf Dahrendorf (membro, tal como eu, do grupo que fora reunido) colocou o assunto que seria tema de nossas discussões em seu contexto histórico, evocando uma famosa conferência feita em 1949 pelo sociólogo inglês T. H. Marshall sobre o "desenvolvimento da cidadania" no Ocidente.[2] Marshall distinguiu as dimensões civil, política e social da cidadania, e depois procedeu à explicação, bem no espírito da interpretação *whig* da história, de como as sociedades humanas mais ilustradas haviam confrontado com êxito cada uma dessas dimensões, uma após a outra. Segundo o esquema de Marshall, que convenientemente alocou quase um século para cada uma das três tarefas, o século XVIII testemunhou as grandes batalhas pela instituição da cidadania *civil* — da liberdade de palavra, pensamento e religião ao direito a uma justiça equitativa e outros aspectos das liberdades individuais ou, de maneira geral, os "Direitos Humanos" da doutrina do direito natural e das revoluções francesa e americana. Ao longo do século XIX foi o aspecto *político* da cidadania, isto é, o direito dos cidadãos a participar no exercício do poder político, que fez os maiores avanços, à medida que o direito de voto ia sendo estendido a grupos cada vez maiores. Finalmente, a ascensão do Welfare State, no século XX, estendeu o conceito de cidadania às esferas *social* e *econômica*, ao reconhecer que condições mínimas de educação, saúde, bem-estar econômico e segurança são básicas para a vida de um ser civilizado, assim como para o exercício significativo dos atributos civil e político da cidadania.

Quando Marshall pintou esse quadro magnífico e confiante do progresso por estágios, a terceira batalha pela afirmação dos direitos da cidadania, a que estava sendo conduzida no terreno social e econômico, parecia já estar bem perto de terminar vitoriosamente, em especial na Inglaterra do imediato pós-guerra, governada pelo Partido Trabalhista e atenta à seguridade social. Trinta e cinco anos depois, Dahrendorf podia assinalar que Marshall fora demasiado otimista a respeito do tema, e que a noção de que a dimensão socioeconômica da cidadania é complemento desejável e natural das dimensões civil e política estava enfrentando consideráveis dificuldades e oposição, e precisava agora ser repensada de modo substancial.

O esquema tríplice de três séculos de Marshall conferia uma augusta perspectiva histórica às tarefas do grupo, e proporcionava um excelente ponto de partida para as suas deliberações. Refletindo, contudo, pareceu-me que Dahrendorf não fora longe o bastante em sua crítica. Não é verdade que não só a última, mas cada uma das três investidas progressistas de Marshall fora seguida por contrainvestidas ideológicas de força extraordinária? E que essas contrainvestidas estiveram na origem de lutas sociais e políticas convulsivas que muitas vezes levaram a recuos dos programas progressistas pretendidos, e também a muita dor e miséria humanas? Os contratempos experimentados até agora pelo Welfare State podem ser de fato leves, se comparados aos furiosos ataques e conflitos que se seguiram à afirmação das liberdades individuais no século XVIII ou à ampliação da participação política no século XIX.

Se contemplarmos essa demorada e perigosa alternância de ação e reação daremos mais valor que nunca à profunda sabedoria da famosa observação de Whitehead: "Os grandes avanços da civilização são processos que quase arruínam as sociedades em que ocorrem".[3] É com certeza essa afirmativa, mais que qualquer relato de progresso suave e constante, que capta a essência profundamente ambivalente da história intitulada, de modo tão inócuo, de "desenvolvimento da cidadania". Hoje podemos até pensar que Whitehead, escrevendo tão sombriamente nos anos 1920, foi ainda demasiado otimista: pode-se argumentar que para algumas sociedades, e não poucas, sua sentença estaria mais próxima da verdade se o qualificativo "quase" fosse omitido.

TRÊS REAÇÕES E TRÊS TESES REACIONÁRIAS

Há bons motivos, portanto, para centrarmos a atenção sobre as reações aos sucessivos avanços. Para começar, devo explicar brevemente o que entendo por "três reações" ou ondas reacionárias, em especial porque elas são mais diversas e difusas que a tríade, em ampla medida simples, de Marshall.

A primeira reação é o movimento que se seguiu (e se opôs) à afirmação da igualdade perante a lei e dos direitos civis em geral — o componente civil da cidadania de Marshall. Existe uma grande dificuldade para isolar esse movimento: a afirmação mais redundante desses direitos ocorreu nos primeiros estágios, e como resultado, da Revolução Francesa, de modo que a oposição contemporânea a eles esteve ligada à oposição à Revolução e a todas as obras desta. Sem dúvida que qualquer oposição à Declaração dos Direitos do Homem e do Cidadão era motivada mais pelos eventos que levaram à sua publicação que pelo texto em si. Porém o discurso contrarrevolucionário radical que não tardou a aparecer recusou-se a fazer distinções entre os aspectos positivos e negativos da Revolução Francesa — ou a admitir que havia qualquer aspecto positivo nela. Antecipando o que mais tarde viria a ser uma palavra de ordem da esquerda — *la Révolution est un bloc* —, os primeiros adversários da Revolução consideraram-na como um todo coeso. Significativamente, o primeiro indiciamento geral, o livro de Edmund Burke, *Reflections on the Revolution in France* [Reflexões sobre a Revolução na França], de 1790, começa com uma alentada polêmica contra a Declaração dos Direitos do Homem. Levando a sério a ideologia da Revolução, o discurso contrarrevolucionário abarcava a rejeição do texto de que os revolucionários mais se orgulhavam. Assim, esse discurso converteu-se numa corrente intelectual fundamental, estabelecendo as bases de grande parte da posição conservadora moderna.

A segunda onda reacionária — a que se opôs ao sufrágio universal — era muito menos conscientemente contrarrevolucionária ou, na conjuntura, contrarreformista que a primeira. Poucos autores declararam especificamente o objetivo de fazer recuar os avanços da participação popular na política, obtidos pela ampliação do direito de voto (e do aumento do poder das Câmaras "Baixas" do Parlamento) durante o século XIX. Em muitos países o avanço em direção ao sufrágio universal foi gradual, de modo que os críticos tinham dificuldades para apresentar uma posição unificada. Além disso, não havia, simplesmente, nenhum modo óbvio de deter a marcha da democracia política depois que as diferenças tradicionais entre a nobreza, o clero e a plebe foram obliteradas. Mesmo assim, é possível *interpretar* um movimento ideológico contrário a partir de diversas correntes influentes, surgidas mais ou menos na mesma época em que as maiores conquistas na luta pela extensão do direito de voto foram feitas. Do último terço do século XIX até a Primeira Guerra, e depois dela, uma literatura vasta e difusa — que abarcava a filosofia, a psicologia, a política e as letras — acumulou todos os argumentos concebíveis para menoscabar as "massas", a maioria, o regime parlamentarista e o governo democrático. Apesar de fazer poucas propostas de instituições alternativas, grande parte dessa literatura prevenia, explícita ou implicitamente, contra os perigos extremados que ameaçavam a sociedade, como resultado da tendência à democratização. Com o benefício da visão retrospectiva, é fácil sustentar que tais escritos foram em parte responsáveis pela destruição da democracia na Itália e na Alemanha no período entre as duas guerras, e talvez também pela virada antidemocrática da Revolução Russa, tal como argumentarei no Capítulo 5. A segunda reação, portanto, tem de ser creditada, se é que este é o termo correto, como possível produtora do exemplo mais notável e desastroso, em toda a história, de uma profecia que se autorrealiza. Curiosamente, a reação que menos tinha a intenção consciente de reverter as tendências em curso ou as reformas acabou sendo — ou foi acusada de ser — a que teve impacto mais destrutivo.

    Chegamos agora à terceira onda reacionária: a crítica contemporânea do Welfare State e a tentativa de fazer recuar ou "reformar" alguns dos seus aspectos. No entanto talvez não seja preciso examinar aqui, com detalhes, esses tópicos. Como observadores diretos e diuturnos desse movimento temos um certo entendimento, baseado no senso comum, do que está envolvido. Ao mesmo tempo, apesar de uma ampla literatura já haver criticado hoje em dia todos os aspectos do Welfare State dos pontos de vista econômico e político, e a despeito de determinados ataques desfechados contra programas e instituições de bem-estar social por uma variedade de poderosas forças políticas, ainda é cedo para avaliar os resultados da recente onda reacionária.

Tal como ficará evidente neste breve relato, a extensão do meu tema é enorme; ao tratar de apreendê-lo, devo ser rigorosamente seletivo. É útil, portanto, assinalar desde já que *não* estou tentando aqui escrever mais um volume sobre a natureza e as raízes históricas do pensamento conservador.[4] Minha meta é delinear os tipos formais de argumento ou de retórica, dando ênfase, pois, às posturas e manobras políticas mais importantes e provavelmente mais utilizadas por aqueles que têm como objetivo desalojar e derrubar as políticas e os movimentos de ideias "progressistas". Em segundo lugar, não estou tentando embarcar em uma ampla e ociosa dissertação histórica sobre as sucessivas reformas e contrarreformas desde a Revolução Francesa. Em vez disso, deverei concentrar-me em uns quantos argumentos comuns ou típicos que foram infalivelmente utilizados por cada um dos três movimentos reativos que mencionamos. Esses argumentos constituirão as subdivisões básicas do meu texto. É em conjunção com cada um deles que as "três reações" serão utilizadas para determinar a forma específica que o argumento assume em diversos contextos históricos.

Quais e quantos são esses argumentos? Eu devo ter um impulso inato para a simetria. Ao esboçar os principais meios de criticar, atacar e ridicularizar as três investidas "progressistas" sucessivas da história de Marshall, acabei chegando a outra tríade, ou seja, a três teses reativo-reacionárias principais, que chamei de *tese da perversidade* ou tese do efeito perverso, *tese da futilidade* e *tese da ameaça*. De acordo com a tese da *perversidade*, qualquer ação proposital para melhorar um aspecto da ordem econômica, social ou política só serve para exacerbar a situação que se deseja remediar. A tese da *futilidade* sustenta que as tentativas de transformação social serão infrutíferas, que simplesmente não conseguirão "deixar uma marca". Finalmente, a tese da *ameaça* argumenta que o custo da reforma ou mudança proposta é alto demais, pois coloca em perigo outra preciosa realização anterior.

É claro que tais argumentos não são propriedade exclusiva dos "reacionários". Podem ser invocados por qualquer grupo que se oponha ou tenha críticas a alguma nova política, proposta ou recentemente colocada em vigor. Sempre que os conservadores ou reacionários se encontram no poder e propõem e executam seus próprios programas e políticas, são, por sua vez, passíveis de ataques dos chamados liberais ou progressistas com os mesmos argumentos da perversidade, da futilidade e da ameaça. Não obstante, eles são mais típicos dos ataques conservadores a políticas progressistas, propostas ou existentes, e seus protagonistas foram pensadores conservadores, tal como será mostrado do Capítulo 2 ao 5. O Capítulo 6 trata dos argumentos correspondentes no lado oposto progressista; estão intimamente ligados às teses reacionárias, mas assumem formas muito diferentes.

Os três capítulos seguintes deste livro tratam, cada um, de uma das teses. Antes de mergulhar na perversidade, contudo, seria proveitoso rever brevemente a história dos termos "reação" e "reacionário".

NOTA SOBRE O TERMO "REAÇÃO"

O par "ação" e "reação" passou a ser de uso corrente como resultado da terceira lei do movimento, de Newton, que declara que "a toda ação opõe-se sempre uma reação igual".⁵ Assim distintos na então prestigiosa ciência da mecânica, os dois conceitos espalharam-se para outros domínios, e foram usados em larga escala na análise da sociedade e da história no século XVIII. Montesquieu, por exemplo, escreveu: "As partes de um Estado estão ligadas umas às outras como as partes do universo: eternamente unidas por meio das ações de uns e das reações de outros".⁶ Do mesmo modo, a terceira lei de Newton foi especificamente invocada por John Adams para justificar um Parlamento bicameral, no debate sobre a Constituição dos EUA.⁷

Inicialmente, não se atribuía nenhum sentido pejorativo ao termo "reação". A infusão notavelmente duradoura desse sentido ocorreu durante a Revolução Francesa, em especial após o grande divisor de águas: os eventos do Termidor.⁸ Já se podia observá-lo em um panfleto da juventude de Benjamin Constant, "Des réactions politiques" [Reações políticas], de 1797, com a intenção expressa de denunciar o que o autor percebia como um novo capítulo da Revolução, em que as reações contra os excessos dos jacobinos poderiam, por sua vez, engendrar excessos piores. Esse pensamento por si só pode ter contribuído para o sentido pejorativo que veio a surgir, mas o texto de Constant oferece um indício a mais. De maneira um tanto surpreendente, a penúltima sentença do panfleto é um hino indisfarçado ao progresso:

> Desde que o espírito do homem empreendeu sua marcha [...] não há invasão de bárbaros, nem coalizão de opressores e nem invocação de preconceitos que possam fazê-lo recuar.⁹

O espírito do Iluminismo, com sua crença na marcha para a frente da história, havia aparentemente sobrevivido à Revolução, mesmo entre seus críticos, apesar do Terror e de outros percalços. Podia-se deplorar os "excessos" da Revolução, como Constant com certeza fazia, e mesmo assim continuar acreditando tanto no desígnio fundamentalmente progressista da história quanto na Revolução como parte desse desígnio. Essa deve ter sido a atitude contemporânea dominante. De outro modo, seria difícil explicar por que aqueles que "reagiam" à Revolução de forma predominantemente negativa vieram a ser vistos e denunciados como "reacionários" que queriam "fazer o relógio andar para trás". Aqui, aliás, há outro termo que mostra de que maneira nossa linguagem está sob a influência da crença no progresso: ela implica que o mero desenrolar do tempo traz consigo o melhoramento dos homens, de modo que qualquer volta atrás seria calamitosa.

Do ponto de vista da minha investigação, a implicação negativa dos termos "reação" e "reacionário" é infeliz, pois eu gostaria de usá-los sem injetar constantemente um juízo de valor. Por essa razão, recorro às vezes a termos alternativos mais neutros, tais como "contrainvestida" ou "reativo", e assim por diante. Na maior parte das vezes, porém, sigo o uso comum, empregando aspas ocasionalmente para indicar que não pretendo escrever de modo vituperativo.

2. A tese da perversidade

A exploração da semântica do termo "reação" indica de imediato uma importante característica do pensamento "reacionário". Em virtude da têmpera teimosamente progressista da época moderna, os "reacionários" vivem em um mundo hostil. Devem enfrentar um clima intelectual em que um valor positivo é atribuído a qualquer objetivo elevado que seja colocado na agenda social dos autoproclamados "progressistas". Considerando esse estado da opinião pública, é pouco provável que os reacionários lancem um ataque aberto contra esse objetivo. Em vez disso, eles o endossam, com maior ou menor sinceridade, mas depois tentam demonstrar que a ação proposta ou levada a cabo é malconcebida. Tipicamente, argumentarão que tal ação produzirá, por meio de uma cadeia de consequências não intencionais, o *exato oposto* do objetivo proclamado e perseguido.

Trata-se, à primeira vista, de uma ousada manobra intelectual. A estrutura do argumento é admiravelmente simples, ao passo que a afirmação que se faz é um tanto extrema. Não se afirma apenas que um movimento ou política não alcançará sua meta, ou ocasionará custos inesperados ou efeitos colaterais negativos: em vez disso, diz o argumento, *a tentativa de empurrar a sociedade em determinada direção fará com que ela, sim, se mova, mas na direção contrária*. Simples, intrigante e devastador (se for verdadeiro), o argumento tem-se revelado popular entre gerações de "reacionários", além de ser bastante eficaz com o público em geral. Nos debates atuais, ele é frequentemente invocado como o efeito contraintuitivo, contraproducente ou, mais diretamente, *perverso* de alguma política pública "progressista" ou "bem-intencionada".[1] As tentativas de alcançar a liberdade farão a sociedade afundar na escravidão, a busca da democracia produzirá a oligarquia e a tirania e os programas de bem-estar social criarão mais, em vez de menos, pobreza. *Todos os tiros saem pela culatra.*

A REVOLUÇÃO FRANCESA E A PROCLAMAÇÃO
DO EFEITO PERVERSO

Tal como muitos outros elementos centrais da retórica reacionária, esse argumento foi proclamado como princípio cardeal na esteira da Revolução Francesa, e já podia ser encontrado no *Reflections on the Revolution in France*, de Edmund Burke. Na verdade, pouca necessidade havia de um gênio inventivo: quando a Liberdade, a Igualdade e a Fraternidade transformaram-se na ditadura do Comitê de Salvação Pública (e mais tarde na de Bonaparte), a ideia de que certas tentativas de alcançar a liberdade estão fadadas a levar, em vez disso, à tirania entrou quase que à força no espírito das pessoas. Trata-se, além do mais, de um comentário e de um argumento antigos, segundo os quais a democracia degenera facilmente em tirania. O notável, nos escritos de Burke, foi que ele previu tal desdobramento já em 1790, e que suas observações esparsas sobre o tema logo foram transformadas em uma análise supostamente fundamental da dinâmica social. Burke prognosticou que "uma ignóbil oligarquia, fundada sobre a destruição da coroa, da Igreja, da nobreza e do povo [acabaria] com todos os sonhos e visões enganadoras de igualdade e de direitos do homem". Conjurou também o espetáculo das intervenções militares durante as várias desordens civis, e exclamou: "Massacre, tortura, forca! Estes são os vossos direitos do homem!".²

O historiador inglês Alfred Cobban comentou que a "previsão precisa [de Burke] a respeito do curso que a Revolução tomaria [...] é uma prova da virtude de uma teoria justa".³ Qualquer que fosse a teoria "justa" ou correta que estivesse por trás da análise de Burke, muitos dos seus contemporâneos ficaram impressionados não só pela força da sua eloquência mas também pela acuidade da sua visão. O argumento deitou raízes e foi repetido e generalizado, especialmente por observadores estrangeiros que tentavam extrair do que estava acontecendo ou acontecera na França lições "práticas" para seus países. Schiller, por exemplo, escreveu em 1793:

> A tentativa do povo francês de instaurar os sagrados Direitos do Homem e de conquistar a liberdade política não fez mais que trazer à luz sua impotência e falta de valor a este respeito; o resultado foi que não apenas esse povo infeliz mas junto com ele boa parte da Europa e todo um século foram atirados de volta à barbárie e à servidão.⁴

Uma formulação particularmente abrangente, ainda que pesada, foi a do economista político romântico alemão Adam Müller, amigo íntimo e protegido de Friedrich von Gentz, o auxiliar de Metternich que quando jovem traduzira as *Reflections* de Burke para o alemão. Quando a Revolução e suas sequelas napoleônicas haviam seguido seu curso, Müller proclamou:

A história da Revolução Francesa constitui uma prova, fornecida continuamente ao longo de trinta anos, de que o homem, agindo por si mesmo e sem religião, é incapaz de romper quaisquer algemas que o oprimam sem mergulhar, no processo, em uma escravidão ainda mais profunda.[5]

Aqui, as conjecturas de Burke foram transformadas em uma rígida lei histórica que viria a servir de arrimo ideológico para a Europa da Santa Aliança.

A espantosa capacidade de Burke em projetar o curso da Revolução Francesa foi atribuída à própria força do seu engajamento nela.[6] No entanto poder-se-ia sugerir que sua formulação do efeito perverso tem também uma origem intelectual: ele estava imerso no pensamento iluminista escocês, que sublinhara a importância dos efeitos não intencionais na ação humana. A aplicação mais conhecida dessa noção foi a doutrina da Mão Invisível, de Adam Smith, com cujas opiniões econômicas Burke expressou total concordância.

Smith, Mandeville e outros (como Pascal e Vico) antes dele mostraram de que maneira as ações individuais motivadas pela cobiça e pelo desejo de luxo (os "vícios privados", de Mandeville) ou — o que é menos insultante — pelo interesse próprio podem ter um resultado social positivo, na forma de uma comunidade mais próspera. Mais para o fim do século, Goethe, expressando as mesmas ideias com o vigor da poesia, definiu seu Mefistófeles como "parte daquela força que sempre deseja o mal, mas sempre causa o bem".

Assim, o terreno intelectual estava bem preparado para que se pudesse argumentar que de vez em quando o oposto pode acontecer. Foi exatamente o que fez Burke diante da tentativa sem precedentes da Revolução Francesa de reconstruir a sociedade: fez com que o bem e o mal trocassem de lugar na afirmação de

Mefistófeles e asseverou que o resultado social do esforço dos revolucionários pelo bem público seria mau, calamitoso, e totalmente contrário às metas e esperanças que professavam.

Por um lado, a proposição de Burke parece ser (e pode ter parecido a ele) uma variação sem importância de um conhecido tema do século XVIII. Por outro, ela foi uma passagem ideológica radical do Iluminismo para o Romantismo, e do otimismo acerca do progresso para o pessimismo. As mudanças ideológicas abruptas e em grande escala podem ocorrer precisamente assim. Formalmente, elas requerem apenas uma pequena modificação nos padrões de pensamento conhecidos, mas a nova variante tem afinidade com crenças e proposições muito diferentes, e *incrusta-se* nelas para formar uma gestalt inteiramente diferente, de modo que, no fim, a íntima ligação entre o velho e o novo fica quase irreconhecível.

No presente caso, o ponto de partida para esse novo tipo de transformação foi o lento surgimento de uma nova esperança para a ordem mundial. A partir do século XVI, quase todos concordavam que os preceitos e as admoestações morais da religião não bastavam para restringir e remodelar a natureza humana a fim de garantir a ordem social e o bem-estar econômico. Com a ascensão do comércio e da indústria nos séculos XVII e XVIII, vozes influentes propuseram que alguns dos vícios "inerradicáveis" dos homens, tais como a persistente busca de si mesmo, poderiam, se fossem canalizados de modo adequado, produzir uma sociedade que funcionasse minimamente, e talvez até progressista. Para Pascal, Vico e Goethe, esse processo paradoxal sugeria a intervenção de uma Providência notavelmente *benigna*, magnânima e solícita, que transforma o mal em bem. A mensagem otimista dessa concepção foi ainda mais reforçada quando a busca do interesse próprio mediante a indústria e o comércio perdeu seu estigma, conquistando em vez disso o prestígio social. Talvez esse desdobramento tenha resultado de uma inevitável contaminação do meio pelo fim. Se o desfecho de algum processo é odioso, é difícil, a longo prazo, sustentar que os motivos e atividades que levam a ele são totalmente elogiáveis. O contrário também é verdade: o desfecho benigno repercutirá nas atividades que o pressupõem. No entanto, quando não há mais uma distinção nítida entre o meio e o fim, ou entre o processo e o desfecho, a necessidade de intervenção pela Providência Divina torna-se menos compulsória — Adam Smith, com efeito, mal permitiu que ela sobrevivesse, secularizada e um tanto quanto anêmica, como a Mão Invisível.* Em outras palavras, para o espírito do século XVIII, a sociedade permaneceu de pé e funcionando muito bem, mesmo que o apoio de Deus lhe estivesse sendo retirado aos poucos — uma visão do universo sem Deus muito menos trágica, diga-se de passagem, que a que seria sustentada um século depois por Dostoiévski e Nietzsche.

O pensamento sobre os resultados não intencionais da ação humana recebeu um novo impulso com os eventos da Revolução Francesa. Quando os anseios de liberdade terminaram em terror e tirania, os críticos da Revolução notaram uma nova e marcante disparidade entre as intenções individuais e os resultados sociais. A Providência Divina foi chamada de volta ao serviço ativo, mas em uma forma que era tudo, menos benigna: sua tarefa agora era *frustrar* os desígnios humanos, cujas pretensões de construir uma

---

* Em suas conferências de 1966 sobre *O papel da Providência na ordem social* [*The role of Providence in the social order*, Filadélfia, American Philosophical Society, 1972], e em especial na terceira delas, "A Mão Invisível e o homem econômico", Jacob Viner demonstrou o constante domínio que o pensamento teleológico teve sobre Adam Smith. É significativo, contudo, que Smith tenha introduzido o conceito secular de "Mão Invisível" como substituto da Providência Divina, que fora rotineiramente invocada na maior parte de seus escritos anteriores, expressando uma visão teleológica da ordem na natureza e na sociedade.

sociedade ideal seriam expostas como ingênuas e prepotentes, quando não criminosas e blasfemas. *Der Mensch in seinem Wahn* [O homem em sua ilusão], o "mais terrível dos terrores", tal como disse Schiller em um de seus poemas mais conhecidos e mais surpreendentemente conservadores ("Das Lied von der Glocke"), tinha de aprender uma lição salutar, mesmo que severa.

Joseph de Maistre, em particular, atribui à Providência Divina — que ele vê em ação ao longo de toda a Revolução Francesa — uma crueldade requintada. Em suas *Considérations sur la France*, de 1797, ele considera providencial que a Revolução tenha gerado seus próprios longos conflitos cruentos; pois, argumenta, se houvesse ocorrido uma contrarrevolução vitoriosa logo no começo, os revolucionários teriam sido julgados nos tribunais oficiais, e então uma de duas coisas teria acontecido: ou os veredictos seriam considerados excessivos pela opinião pública ou, mais provavelmente, teriam ficado muito aquém da justiça plena, limitando-se apenas a uns poucos grandes criminosos (*quelques grands coupables*). Maistre proclama: "Isso era precisamente o que a Providência não queria", e foi por isso que ela, habilmente, arranjou as coisas de tal modo que um número muito maior de culpados "[caísse] sob os golpes de seus próprios cúmplices".*

Por último, quase no final do livro, Maistre avança uma extravagante formulação da tese da perversidade como a própria essên-

---

* *Considérations sur la France*, ed. Jean-Louis Darcel (Genebra, Slatkine, 1980), pp. 74-5. O ponto a que Maistre levou suas bizarras especulações deve ter parecido excessivo até a ele mesmo quando refletiu sobre elas, pois eliminou a seguinte passagem do seu texto definitivo: "[A Divina Providência] emite suas sentenças, e os culpados que são mortos liquidando-se uns aos outros não fazem mais que executá-las. Talvez ela deixe um ou dois de lado para a justiça humana, mas quando esta reassumir suas funções, pelo menos não ficará sobrecarregada pelo grande número de culpados" (nota p. 75).

cia da Providência Divina. Ao especular sobre a maneira como ocorreria a contrarrevolução e a restauração da monarquia, o que ele esperava com confiança, declara primeiro que a "multidão... nunca obtém o que deseja", e depois leva esse pensamento ao limite:

> Pode-se até notar uma *afetação* (permitas-me usar essa expressão) da Providência: os esforços que as pessoas fazem para atingir um certo objetivo são precisamente os meios que a Providência emprega para mantê-lo fora do alcance [...] Se se quiser saber o resultado provável da Revolução Francesa, precisar-se-á apenas examinar os pontos sobre os quais todas as facções estão de acordo: todos querem a [...] destruição universal do cristianismo e da monarquia; *do que se segue* que o resultado final de seus esforços não será outro que a exaltação do cristianismo e da monarquia.
> Todos aqueles que escreveram ou meditaram sobre a história admiraram essa força secreta que zomba das intenções humanas.*

Não poderíamos desejar uma declaração mais extremada. A total convicção de Maistre de que a Providência, infalivelmente, dispõe um resultado para as ações humanas que é o exato oposto das intenções dos homens lembra-nos alguns pais que, tendo observado o comportamento antagonista do filho, têm a ideia de mandá-lo fazer o exato oposto do que querem que faça. A maior parte dos pais logo descobre, é claro, que a ideia não é tão brilhante quanto parecia no começo.

A concepção de Maistre acerca da Providência Divina é, sem dúvida, excepcional no seu caráter elaboradamente vingativo e na

---

* *Ibid.*, pp. 156-7. Sublinhado no original. Pelas várias ênfases e pela cláusula parentética, Maistre revela seu entusiasmo por ter tido uma visão profunda e ousada neste ponto. Para a íntima ligação da corrente do pensamento de Maistre a um aspecto do mito de Édipo, ver o Capítulo 4.

sua invocação sem rodeios do efeito perverso. A característica básica da tese da perversidade, porém, não muda: o homem está fadado ao ridículo — pela Providência Divina e pelos privilegiados analistas sociais que percebem seus desígnios —, pois, ao dedicar-se à melhoria radical do mundo, extravia-se radicalmente. Que melhor maneira de mostrá-lo como meio tolo e meio criminoso senão provando que está realizando exatamente o contrário do que proclama como seu objetivo? Que argumento é melhor, além disso, contra uma política que se abomina mas cuja meta anunciada não se deseja atacar diretamente?

O SUFRÁGIO UNIVERSAL E SEUS SUPOSTOS EFEITOS PERVERSOS

Uma linha de raciocínio idêntica surge mais uma vez no nosso próximo episódio: a ampliação do direito de voto ao longo do século XIX. Novas razões para afirmar um desfecho perverso desse processo foram avançadas pelas ciências sociais então emergentes. Para termos uma ideia do clima intelectual em que esses argumentos surgiram, é proveitoso conhecer as atitudes da época em relação às massas e à participação destas na política.

Em virtude das frequentes explosões de lutas civis de um ou outro tipo na história recente, há um amplo consenso em torno da existência de uma relação íntima entre tais explosões e a força com que as crenças conflitantes são defendidas por grupos opostos de cidadãos. Considerando que uma longa e sangrenta guerra civil aconteceu nos Estados Unidos por causa da escravidão, todos estão convencidos de que a divisão da opinião acerca desse ponto era nítida e profunda. Ao contrário, levando em conta que a extensão do direito de voto na Europa ocidental, no século XIX, foi conquistada de um modo bastante gradual e pacífico, surge a tentação de pensar que a oposição a esse processo não foi particularmente ferrenha. Nada poderia estar mais longe da verdade. Afinal de contas, a Europa, havia muito, era uma sociedade altamente estratificada, onde as classes inferiores eram vistas com o mais profundo desprezo tanto pela classe alta quanto pela média. Devemos recordar, por exemplo, que uma pessoa ilustrada e não particularmente aristocrática como Burke escreveu em *Reflections*: "A ocupação de cabeleireiro, ou de fabricante de velas de sebo, não pode ser uma questão de honra para ninguém [...] para não falar de diversos outros empregos mais servis [...] o Estado sofre opressão se se permite que pessoas como essas governem". Mais adiante ele faz um comentário de passagem sobre as "inúmeras ocupações servis, degradantes, indecorosas, indignas de um homem e amiúde extremamente insalubres e pestíferas, às quais tantos miseráveis estão condenados pela economia social".[7]

Tais observações, feitas de maneira descuidada, sugerem que o sentimento primário de Burke com relação às "classes baixas" não era tanto de antagonismo de classe e de medo quanto de total desprezo e afastamento, de modo muito semelhante ao que acontece nas sociedades de casta. Esse espírito foi transportado para o século XIX, e não podia deixar de ser reforçado pela migração para as cidades de população empobrecida da zona rural que acompanhou a industrialização. Em pouco tempo, o desprezo começou a combinar-se com o temor, quando as "ruínas" de Burke começaram a encenar violentas explosões sociais, em especial na década de 1840. Após um desses episódios, perto de Lucerna, o jovem Jacob Burckhardt escreveu da Basileia:

> As condições na Suíça — tão repulsivas e bárbaras — puseram tudo a perder para mim, e tratarei de expatriar-me assim que possível [...] A palavra liberdade soa rica e bela, mas ninguém deveria pronunciá-la sem antes ter visto e experimentado a escravidão

sob as massas barulhentas chamadas de "povo", sem ter visto isso com seus próprios olhos, e suportado o desassossego civil [...] Conheço demais a história para esperar qualquer coisa do despotismo das massas, a não ser uma futura tirania, que significará o fim da história.[8]

Seria fácil reunir mais indícios de como a ideia da participação das massas na política, mesmo na forma diluída do sufrágio universal, deve ter parecido aberrante e potencialmente perigosa a boa parte das elites europeias. O sufrágio universal era uma das *bêtes noires* prediletas de Flaubert, alvo frequente do seu ódio à estupidez humana. Com pesada ironia, o sufrágio universal figura no seu *Dictionnaire des idées reçues* como "a última palavra da ciência política". Em suas cartas, ele a proclamava como "a vergonha do espírito humano", e igual a (ou pior que) outras ideias absurdas, tais como o direito divino dos reis ou a infalibilidade do papa. A base desses julgamentos era a convicção de que o "povo", a "massa", é sempre estúpido (*idiot*), inepto, "menor de idade".[9] Em geral, Flaubert reservava a força do seu sarcasmo para a *bêtise* da burguesia, mas, generoso em suas antipatias, não tinha nenhum problema em manifestar sentimentos igualmente negativos pelas massas; em um dado momento ele chegou até mesmo a ser coerente nessas atitudes, escrevendo zombeteiramente sobre "o sonho [de alguns] de elevar o proletariado ao nível de estupidez da burguesia".[10]

Em outras partes da Europa predominavam sentimentos semelhantes. Quanto mais o sufrágio universal estendia seu domínio pelo continente, mais estridentes tornavam-se as vozes da elite que se levantavam contra ele. Para Nietzsche, as eleições populares eram a expressão suprema do "instinto de manada", termo significativo que ele cunhou para denegrir todos os movimentos em direção à política democrática. Até Ibsen, aclamado em sua época como crítico progressista da sociedade, atacou duramente a maioria e o governo da maioria. Na peça *Um inimigo do povo*, o herói (dr. Stockmann) troveja:

> Quem forma a maioria em qualquer país? Acho que todos temos de concordar que os tolos existem em uma aterradora e esmagadora maioria em todo o mundo! Mas em nome de Deus, não pode ser justo que os tolos governem os sábios! [...] A maioria tem o poder, infelizmente [...] mas a maioria não tem razão! Os que têm razão são alguns indivíduos isolados, como eu! A minoria sempre está certa![11]

Há aqui um interessante ponto de intersecção-colisão de duas linhas de pensamento, ambas oriundas do século XVIII: a exigência de democracia política, por um lado, com direitos iguais para todos os cidadãos, e, pelo outro, a existência de status especial e privilegiado para "alguns indivíduos isolados". É evidente que Ibsen fala aqui do *gênio*, outro conceito que foi plenamente elaborado pela primeira vez no Século das Luzes, nas mãos de Diderot, Helvétius e outros.[12]

Isso basta para definir o clima de opinião em torno da segunda onda progressista de Marshall, o advento da igualdade política pela via dos direitos políticos. Diferentemente da ideia do livre comércio, essa encarnação específica do "progresso" nunca chegou nem perto de algo parecido com hegemonia política, nem mesmo por uma ou duas décadas — pelo menos no século XIX. Ao contrário, o indubitável avanço das formas políticas democráticas, na segunda metade do século, ocorreu em meio a um clima difuso de ceticismo e hostilidade. Depois, no final do século XIX, esse clima encontrou uma expressão mais refinada nas teorias sociais científicas, quando as descobertas médicas e psicológicas demonstraram que o comportamento humano era motivado por forças irracionais em medida muito maior do que fora reconhecido anteriormente. A ideia de basear o governo político no sufrágio universal pôde ser, a partir desse momento, exposta como produto atrasado e até mesmo uma relíquia antiquada do Iluminismo, com toda a sua persistente crença na racionalidade. Essa crença passou a ser denunciada não só como superficial, a crítica-padrão que lhe faziam os românticos, mas como simplesmente equivocada. Nesse sentido, dentre as diversas ideias políticas que podem ser consideradas como reações aos avanços do direito de voto e da democracia em geral, uma das mais proeminentes e influentes foi articulada por Gustave Le Bon no seu *Psychologie des foules* [Psicologia das multidões], um grande sucesso de venda publicado pela primeira vez em 1895. O livro é mais um exemplo da atração que o efeito perverso exerce sobre os pensadores reacionários.

O principal argumento de Le Bon desafia o entendimento de senso comum daquilo que os economistas conhecem como a *falácia da composição*: uma proposição que se aplica ao indivíduo não é necessariamente válida para o grupo, e muito menos para as multidões. Impressionado com as recentes descobertas sobre as infecções, contaminação e hipnose, e desconhecendo a investigação paralela de Freud, que em breve demonstraria que os próprios indivíduos estão sujeitos a todo tipo de impulsos inconscientes, Le Bon baseou sua teoria em uma nítida dicotomia entre o indivíduo e a multidão: o indivíduo é racional, talvez requintado e calculista; a multidão é irracional, facilmente manejável, incapaz de pesar os prós e os contras, dada a entusiasmos impensados e assim por diante.* Ainda que às vezes conceda alguns pontos

---

* Estranhamente, quando Freud se voltou para a psicologia de massas, após a Primeira Guerra Mundial, não fez nenhuma observação acerca do que, do ponto de vista da sua própria teoria, era uma distinção demasiado exagerada entre o indivíduo e a multidão por parte de Le Bon. Ver seus comentários, geralmente

positivos às multidões, em virtude da sua capacidade para engajar-se em atos de abnegação desinteressada (por exemplo, os soldados em batalha), não há dúvidas de que Le Bon vê a multidão como uma forma de vida inferior, ainda que perigosamente vigorosa: "Pouco apta para raciocinar, a multidão é, ao contrário, muito apta para a ação".[13] Essa ação costuma assumir a forma de surtos anômicos por parte de "multidões criminosas" ou de movimentos de massas entusiastas e hipnóticos, organizados por líderes demagógicos (*meneurs*, e não *chefs*) que sabem como escravizar a multidão de acordo com algumas regras simples, gentilmente listadas por Le Bon.

Na Europa do fim do século, a teoria de Le Bon tinha óbvias implicações políticas. Ela antevia perspectivas bastante sombrias para a ordem nacional e internacional: com a ampliação do direito de voto, as multidões irracionais de Le Bon se instalavam como atores importantes em um número cada vez maior de países. Além disso, os dois últimos capítulos do livro, "Multidões eleitorais" e "Assembleias parlamentares", fornecem argumentos específicos contra a democracia moderna baseada nas massas. Neles, Le Bon não argumenta diretamente contra o sufrágio universal; em vez disso, como Flaubert, fala dele como um dogma absurdo que, desgraçadamente, está fadado a causar muitos danos, tal como as crenças supersticiosas do passado. "Somente o tempo pode agir sobre elas", escreveu, assumindo a posição de resignado cronista da loucura humana. Le Bon tampouco propõe a melhoria do sistema pelo retorno às restrições ao direito de voto. Sendo o seu princípio básico o de que a multidão é sempre ignorante, ele o aplicou

---

apreciativos, sobre Le Bon e *Psychologie des foules* em *Group psychology and the analysis of the ego* (1921), em Freud, *Works* (Londres, Hogarth, 1955), vol. 18, pp. 72-81.

com notável coerência, sem levar em conta os elementos constituintes da multidão e suas características como indivíduos: "O voto de quarenta acadêmicos não é melhor que o de quarenta aguadeiros", escreveu, conseguindo assim insultar de passagem a Academia Francesa, com seus quarenta membros, corpo de elite do qual se sentia excluído.[14]

Essa posição não reformista permitiu que Le Bon esboçasse com frieza as consequências desastrosas do sufrágio universal. Antecipando nossos modernos teóricos da "public choice", ele em primeiro lugar mostra de que modo a democracia parlamentar traz em si uma tendência a aumentar os gastos públicos, em resposta a pressões de interesses setoriais. O apelo ao efeito perverso vem no final, coroando o argumento do livro: a propalada democracia transformar-se-á cada vez mais no governo da burocracia, por meio das inúmeras leis e regras que são aprovadas com a "ilusão de que assim a igualdade e a liberdade serão mais bem protegidas".[15] Para apoiar essas opiniões ele cita *The man versus the State* [O homem versus o Estado], de 1884, coletânea dos últimos ensaios de Herbert Spencer, figura contemporânea de autoridade científica que se tinha tornado francamente conservadora. Spencer também escolheu o efeito perverso como seu leitmotiv, em especial no ensaio intitulado "Os pecados dos legisladores", em que avança uma fórmula extravagantemente geral: "Legisladores sem instrução, em tempos passados, em seus esforços para mitigar os sofrimentos humanos, aumentaram-nos continuamente".[16]

Mais uma vez, portanto, um grupo de analistas sociais viu-se atraído irresistivelmente para a ridicularização dos que pretendem mudar o mundo para melhor. E não basta mostrar que esses ingênuos *Weltverbesserer* se dão mal: é preciso provar que na verdade eles são, se me for permitido cunhar o termo alemão correspondente, *Weltverschlechterer* (pioradores do mundo), que deixam o mundo em pior forma do que a que predominava antes de qualquer "reforma" ser instituída.* Além disso, deve-se mostrar que a "piora" ocorre exatamente na mesma dimensão em que se supõe que haja melhora.

AS POOR LAWS E O WELFARE STATE

Esse tipo de argumento alcançou especial proeminência durante a terceira fase reacionária, que abordarei a seguir: o presente ataque contra as políticas econômicas e sociais que formam o moderno Welfare State.

Na economia, mais que em qualquer outra das ciências sociais, a doutrina do efeito perverso está intimamente ligada a um dogma central da disciplina: a ideia de um mercado que se autorregula. Na medida em que essa ideia é dominante, qualquer política pública que tenha por meta mudar resultados do mercado, tais como preços ou salários, torna-se automaticamente uma interferência nociva em processos benéficos de equilíbrio. Mesmo os economistas favoráveis a algumas medidas de redistribuição de renda e riqueza tendem a considerar as medidas de caráter "populista" mais evidente como contraproducentes.

O efeito perverso de interferências específicas foi muitas vezes sustentado pelo exame das reações de oferta e procura a tais medidas. Como resultado de um controle do preço do pão, por exemplo, mostra-se de que maneira a farinha é desviada para outros usos finais e o pão é vendido a preços de mercado negro, de modo que o preço médio do pão pode subir ao invés de descer, tal como se pretendia inicialmente. Da mesma forma, quando um

---

* O termo *Weltverbesserer* tem sentido pejorativo em alemão, talvez em virtude da reação particularmente violenta dos alemães contra o que se tornou rotineiro chamar de Iluminismo "superficial" (*seichte Aufklärung*).

salário mínimo é estabelecido ou aumentado, é fácil mostrar a probabilidade de que o nível de emprego caia, de maneira que a renda agregada dos trabalhadores pode diminuir em vez de aumentar. Tal como coloca Milton Friedman, com a soberba segurança que lhe é costumeira, "as leis de salário mínimo são talvez o caso mais claro que se pode encontrar de uma medida cujos efeitos são precisamente o oposto dos pretendidos pelos homens de boa vontade que a apoiam".[17]

Na verdade, não há nada de certo acerca desses efeitos perversos, em especial no caso de um parâmetro econômico tão básico quanto o salário. Uma vez introduzido um salário mínimo, as curvas subjacentes de oferta e procura de mão de obra podem variar; além disso, o reajuste imposto oficialmente às remunerações tem um efeito positivo sobre a produtividade do trabalho, e, portanto, sobre o emprego. Uma expectativa de tais efeitos é de fato fundamento lógico para a fixação de um salário mínimo realista. Mais como resultado da persuasão moral implícita e do estabelecimento de um padrão público de equidade que através da ameaça de penalidades, a proclamação de um salário mínimo pode ter um efeito real sobre as condições em que os trabalhadores oferecem seu trabalho e os empregadores o contratam. Porém a indubitável possibilidade de um resultado perverso serve como excelente tema de debate, que surge com certeza em qualquer polêmica.

A longa discussão acerca dos problemas da assistência social aos pobres proporciona ampla ilustração a esses diversos argumentos. Essa assistência é reconhecida e muitas vezes conscientemente uma franca interferência nos "resultados do mercado" que destinam alguns membros da sociedade ao degrau inferior da escala de rendas. O argumento econômico sobre os consequentes efeitos perversos foi avançado pela primeira vez durante os debates acerca das Poor Laws, na Inglaterra. Os críticos dessas leis, de Defoe a Burke e de Malthus a Tocqueville, zombaram da ideia de que as Poor Laws eram uma mera "rede de segurança", para usar um termo atual, em favor dos que haviam ficado para trás, sem ter nenhuma culpa por isso, na corrida para ganhar a vida. Considerando a "inclinação para o ócio" do homem (para usar a frase de Mandeville), essa visão "ingênua" não levava em conta as reações da oferta, os incentivos incorporados ao esquema: a disponibilidade da assistência, argumentava-se, age como incentivo positivo à "preguiça" e à "depravação", e, portanto, *produz* pobreza em vez de aliviá-la. Uma típica formulação desse argumento, de um ensaísta inglês do início do século XIX, é a seguinte:

> As Poor Laws tinham a intenção de evitar os mendigos; tornaram a mendicância uma profissão legal; foram estabelecidas com o espírito de uma provisão nobre e sublime, que continha toda a teoria da Virtude; produziram todas as consequências do Vício [...] As Poor Laws, formadas para aliviar os aflitos, foram as arquicriadoras da miséria.[18]

Um século e meio depois, lemos no mais alardeado ataque ao Welfare State nos Estados Unidos, *Losing ground* [Perdendo terreno], de Charles Murray (1984):

> Tentamos prover mais para os pobres e em vez disso produzimos mais pobres. Tentamos remover as barreiras para escapar da pobreza e inadvertidamente construímos uma armadilha.[19]

Salvo por um tom um pouco mais suave, a melodia é exatamente a mesma do século XIX. O efeito perverso parece funcionar irremissivelmente tanto nos primórdios quanto no último estágio do capitalismo.

O que não quer dizer que o cenário ideológico tenha ficado inalterado ao longo desses 150 anos. Na verdade, o sucesso do livro de Murray deve muito à aparência de novidade do seu principal argumento, condensado no título — quase qualquer ideia que não tenha estado em circulação por uns tempos apresenta boa possibilidade de ser confundida com uma visão original. O que de fato aconteceu foi que a ideia escondeu-se, por motivos que são de algum interesse para nossa história.

Tal como foi memoravelmente demonstrado por Karl Polanyi em *The great transformation* [A grande transformação], de 1944, as Poor Laws inglesas, em especial depois de suplementadas e reforçadas pelo Ato Speenhamland, de 1795, representaram uma última tentativa de controlar, mediante a assistência pública, o mercado livre de mão de obra e os efeitos deste sobre as camadas mais pobres da sociedade. Ao suplementar os salários baixos, o novo esquema ajudou a garantir a paz social e a manter a produção interna de alimentos durante a época das Guerras Napoleônicas.

Assim que o perigo passou, porém, as desvantagens acumuladas pelo sistema de combinação de assistência e salários foram objeto de fortes ataques. Sustentada pela crença nas novas "leis" de economia política de Bentham, Malthus e Ricardo, a reação contra o Ato Speenhamland se tornou tão forte que, em 1834, o Ato de Emenda à Poor Law (ou "New Poor Law") transformou o asilo de pobres no instrumento único de assistência social. Em resposta às críticas ao sistema anterior, mais generoso, a assistência dos asilos passou a ser organizada de modo a liquidar de uma vez por todas com todo e qualquer efeito perverso concebível. Para isso, as novas disposições foram feitas com a intenção de evitar que os pobres recorressem à assistência pública, e de estigmatizar os que o fizessem "aprisionando[-os] em asilos, compelindo-os a usar um uniforme especial, separando-os de suas famílias, cortando toda comunicação deles com os pobres de fora e, quando morriam, permitindo que seus cadáveres fossem usados para dissecação".[20]

Não demorou muito para que, por sua vez, esse novo sistema suscitasse violentas críticas. Já em 1837, Disraeli invectivou-o em sua campanha eleitoral: "Considero que esse Ato desgraçou o país mais que qualquer outro de que se tenha registro. Tanto um crime moral como uma trapalhada política, ele anuncia ao mundo que na Inglaterra a pobreza é um crime".[21]

Os críticos da lei vinham de um amplo espectro de grupos sociais e de opinião. Uma acusação particularmente influente e poderosa foi o romance de Dickens, *Oliver Twist*, publicado em 1837-8. Um forte movimento anti-Poor Laws, acompanhado de manifestações e tumultos, surgiu na década que se seguiu à sua implementação. Em consequência, as medidas da lei não foram plenamente aplicadas, em especial no Norte, centro da oposição e da indústria têxtil.[22] Ficou desagradavelmente claro que havia muitos males — perda de comunidade, abandono da decência comum e tensão interna — que podiam ser piores que a alegada "promoção do ócio", cuja eliminação fora perseguida tão decididamente pelo estatuto de 1834. No julgamento retrospectivo de E. P. Thompson, o "Ato de 1834... foi talvez a mais prolongada tentativa de impor um dogma ideológico, em desafio às evidências das necessidades humanas, na história inglesa".[23]

A experiência com a New Poor Law foi tão dilacerante que o argumento que presidira à sua adoção — essencialmente o efeito perverso da assistência de bem-estar social — ficou desacreditado por um longo período. Essa pode ter sido de fato a razão para o surgimento sem conflitos, ainda que lento, da legislação do Welfare State na Inglaterra do fim do século XIX e do início do século XX.

O argumento acabou reaparecendo, principalmente nos Estados Unidos. Mesmo nesse país, porém, em um primeiro momento ele não foi colocado em sua forma mais crua, como na declaração já citada de Murray em *Losing ground*. Parece que, para ser reapresentado à sociedade educada, o antiquado efeito perverso precisou de trajes especiais e requintados. Desse modo, um dos primeiros ataques gerais à política de bem-estar social, nos Estados Unidos, recebeu o intrigante título de "comportamento contraintuitivo dos sistemas sociais".[24] Escrito por Jay W. Forrester, pioneiro na simulação de processos sociais por modelos de computador e consultor de um então influente grupo internacional de notáveis conhecido como o Clube de Roma, o artigo é um bom exemplo do que os franceses chamam de terrorismo intelectual. Logo de saída, os leitores são advertidos de que têm muito pouca chance de entender como funciona a sociedade, posto que estamos lidando com "sistemas complexos e altamente interativos", que "pertencem à classe chamada de sistemas multicíclicos de retroalimentação não linear", e outros tipos arcanos semelhantes de "dinâmica de sistemas" que "a mente humana não está adaptada para interpretar". Só o especialista em computadores altamente treinado pode desvendar esses mistérios. E quais são as revelações conjuradas por Forrester? "De vez em quando os programas causam exatamente o inverso dos resultados desejados."! Por exemplo, a maioria das políticas urbanas, da criação de empregos à habitação de baixo custo, "vão do ineficaz ao nocivo, se analisadas do ponto de vista dos seus efeitos sobre a saúde econômica da cidade ou pelos seus efeitos a longo prazo sobre a população de baixa renda". Em outras palavras, a vingativa Providência Divina de Joseph de Maistre voltou à cena, sob o disfarce da "dinâmica de ciclos retroalimentadores" de Forrester, e o resultado foi o mesmo: qualquer tentativa humana de aperfeiçoar a sociedade só faz piorar as coisas.

Desvestido da sua linguagem hi-tech, o artigo não faz mais que refletir a ampla desilusão que se seguiu à Grande Sociedade de Lyndon Johnson. Como acontece muitas vezes, as promessas exageradas do programa levaram a afirmativas igualmente exageradas de *fracasso total*, posição intelectual que descrevi pela primeira vez em um livro sobre a implementação de políticas na América Latina.*

Em um artigo persuasivo, também escrito em 1971 e intitulado "Os limites das políticas sociais", Nathan Glazer juntou-se a Forrester na invocação do efeito perverso. O artigo começa agourentamente, dizendo que "há um sentimento generalizado de que enfrentamos uma crise na política social", e não perde tempo para proclamar, em termos bastante gerais, que "nossos próprios esforços para lidar com o sofrimento aumentam o sofrimento".[25]

---

* Em *Journeys toward progress* [Jornadas para o progresso] (Nova York, Twentieth Century Fund, 1963), estudei três prolongados problemas de implementação de políticas em três países da América Latina. Um deles foi o processo de reforma da posse da terra na Colômbia. Um importante episódio desse processo foi uma lei de reforma agrária ("lei nº 200") de 1936 que tivera a intenção de transformar os arrendatários em proprietários e de melhorar as condições dos habitantes das zonas rurais de diversas outras maneiras. Segundo a maior parte das análises locais, os efeitos da reforma foram inteiramente perversos: a aprovação da lei fez com que os proprietários das terras despejassem os arrendatários das terras que arrendavam, convertendo-os assim em trabalhadores sem-terra. Desconfiei da maneira automática, como um reflexo nervoso, com que tais afirmativas de perversidade salpicavam os relatos históricos, artigos de jornal e discursos políticos, tanto dos escritores conservadores quanto dos "radicais". Após pesquisar os registros históricos, convenci-me de que a lei nº 200 fora difamada injustamente, e que tivera a seu crédito um grande número de realizações proveitosas (ver *Journeys*, pp. 107-13). Portanto, tenho combatido as afirmações excessivas da tese da perversidade há muitos anos. Esse e outros contatos com o modo como as experiências de política pública são assimiladas e a história é escrita na América Latina fizeram com que eu sugerisse (pp. 240-6) que nessa região a análise das políticas e a historiografia estão profundamente marcadas por um profundo "complexo de fracasso" — mais tarde cunhei o termo "fracassomania" para denotar esse traço. Percebo agora que essa interpretação cultural era restrita demais. A argumentação segundo as linhas da tese da perversidade, tal como a que foi feita de modo tão insistente pelos comentaristas colombianos da lei nº 200, parece ter muitos atrativos para aqueles não necessariamente afetados pela fracassomania.

Para argumentar a favor dessa desanimadora conclusão, Glazer não recorreu a modelos de computador; em vez disso, enumerou algumas razões sociológicas simples. As políticas de bem-estar social, ponderou, têm o objetivo de lidar com problemas que eram tratados por estruturas tradicionais, como a família, a Igreja ou a comunidade local. Quando tais estruturas desmoronam, o Estado intervém para assumir suas funções. No processo, o Estado enfraquece ainda mais o que resta das estruturas tradicionais. Surge daí uma necessidade maior de assistência pública que a que fora prevista, e a situação piora, em vez de melhorar.

Limites um tanto estreitos são fixados para os danos que podem ser causados pelo efeito perverso tal qual é formulado por Glazer. Tudo depende do que resta das estruturas tradicionais quando o Estado entra em cena, bem como da acuidade da suposição de que tais resíduos se desintegrarão prontamente, impondo assim ao Estado uma carga maior que a esperada. Nos perguntamos se realmente não existe um meio de fazer com que as duas fontes de assistência coexistam e talvez complementem uma à outra.[26]

Seja como for, o raciocínio de Glazer era muito timidamente "sociológico" para o espírito conservador mais duro que ficou na moda nos anos 1980. A fórmula apresentada por Murray do efeito perverso da política de bem-estar social voltou ao raciocínio direto dos proponentes da reforma da Poor Law na Inglaterra do início do século XIX. Igualmente inspirado nas afirmações econômicas mais simples, ele argumentou que a assistência pública aos pobres, tal como praticada nos Estados Unidos, age como irresistível incentivo para que aqueles que trabalham ou podem vir a trabalhar por salários baixos (seus famosos "Harold" e "Phyllis") corram a alistar-se na assistência social, e aí permaneçam — ficando para sempre "presos" na preguiça e na pobreza. Se isso fosse verdade, o efeito perverso "criador de pobreza" do auxílio aos pobres, nos Estados Unidos, assumiria, é claro, proporções desmesuradas e desastrosas.

REFLEXÕES SOBRE A TESE DA PERVERSIDADE

Assim como, anteriormente, não entrei em controvérsia com Burke nem com Le Bon, não é meu propósito aqui discutir a substância dos vários argumentos contra as políticas de bem-estar social nos Estados Unidos ou em qualquer outro lugar. O que tentei mostrar é de que maneira os protagonistas desse episódio "reacionário", do mesmo modo que os dos anteriores, foram poderosamente atraídos todas as vezes pela mesma forma de raciocínio, isto é, a afirmação do efeito perverso. Devo desculpar-me pela monotonia do relato, mas ela foi deliberada, pois nela está a demonstração de minha ideia de que a invocação da tese da perversidade é uma característica básica da retórica reacionária. Essa reiteração do argumento pode ter tido o infeliz efeito de transmitir a impressão de que as situações em que a perversidade se manifesta são de fato ubíquas. Na verdade, minha intenção é avançar duas proposições de igual peso: 1. o pensamento reacionário recorre amplamente ao efeito perverso e 2. é improvável que ele exista "por aí afora" em uma proporção sequer próxima da que se pretende. Falarei agora, muito mais brevemente, da segunda proposição.

Uma das grandes descobertas da ciência da sociedade — já encontrada em Vico e Mandeville e elaborada magistralmente durante o Iluminismo escocês — é a observação de que, devido à imperfeição das previsões, as ações humanas podem ter consequências involuntárias de considerável alcance. O reconhecimento e a descrição sistemática de tais consequências indesejadas têm sido, desde então, uma das grandes tarefas, senão a *raison d'être*, das ciências sociais.

O efeito perverso é um caso especial e extremo de consequência involuntária. Nesse caso, a falha de previsão dos atores humanos comuns é quase total, na medida em que se mostra que suas ações produzem precisamente o oposto do que se intencionava; os cientistas sociais que analisam o efeito perverso, por outro lado, experimentam forte sentimento de superioridade — e deleitam-se com isso. Maistre, ingenuamente, proclamou isso em seu sinistro capítulo sobre a prevalência da guerra na história humana: "É doce (*doux*) perceber os desígnios da Divindade em meio ao cataclismo geral".[27]

Contudo, a própria *douceur* e o autoelogio dessa situação deveriam deixar os analistas do efeito perverso, e todos nós, de sobreaviso: não estariam eles abraçando o efeito perverso com o expresso propósito de se sentir bem consigo mesmos? Não estariam sendo demasiado arrogantes quando retratam os humanos comuns tateando no escuro, enquanto eles, em comparação, parecem ser tão notavelmente perspicazes? E, finalmente, não estarão tornando sua tarefa fácil demais ao se concentrar sobre um único resultado privilegiado e simplista de um programa ou de uma política — o oposto do pretendido? Pois pode-se argumentar que o efeito perverso, que parece ser uma mera variante do conceito das consequências involuntárias, é, em um importante aspecto, sua negação e até traição. Na sua origem, o conceito das consequências involuntárias introduziu a incerteza e a abertura no pensamento social, mas, afastando-se da liberdade recém-conquistada, os arautos do efeito perverso retornam para a visão de um universo social totalmente previsível.

É tentador continuar especulando sobre a genealogia do efeito perverso. Tal como já foi observado, sua formulação explícita por Maistre, Müller e outros recebeu considerável estímulo da sequência de eventos produzidos durante a Revolução Francesa, mas sua influência no nosso modo de pensar pode ter raízes mais antigas.

Uma história subjacente ao efeito perverso nos é familiar da mitologia grega. O homem empreende uma ação e tem êxito no princípio, mas o sucesso leva à arrogância e, com o tempo, a obstáculos, derrota e desastre. Trata-se da famosa sequência Hubris-Nêmesis. A punição pela arrogância e pela presunçosa ambição do homem é enviada pelos deuses, porque têm inveja ou são guardiães vigilantes da ordem existente, com seus mistérios sagrados.

Nesse mito antigo, o resultado desastroso das aspirações de mudança dos homens está baseado na intervenção divina. Hobbes adotou essa concepção quando escreveu que os que pretendem "fazer mais que reformar a Comunidade [Commonwealth] descobrirão que com isso a destroem... Tal desejo de mudança é como romper o primeiro dos mandamentos de Deus".[28] Ao contrário de Hobbes, a Era do Iluminismo tinha uma ideia elevada da capacidade do homem para a mudança e a melhoria da sociedade; além disso, não via nos antigos mitos e nas histórias de intervenção divina mais que superstições. Assim, para que a ideia de Nêmesis seguindo Hubris sobrevivesse, era preciso secularizá-la e racionalizá-la. Tal necessidade foi perfeitamente satisfeita pela noção, surgida no final do século XVIII, das ações humanas dando origem a efeitos involuntários — particularmente quando a perversidade é o resultado final. Com essa nova percepção "sociológica", o recurso ao argumento metafísico deixou de ser necessário, mesmo que a linguagem da Divina Providência continuasse a ser usada por figuras como Maistre.

O efeito perverso, portanto, tem vários apelos intelectuais, e é sustentado por mitos profundamente enraizados. Nada disso pretende negar que a ação social proposital tenha às vezes efeitos perversos. Ao insinuar que é provável que o efeito perverso seja invocado por razões que têm pouco a ver com seu valor de verdade intrínseco, quis apenas levantar algumas dúvidas sobre sua ocorrência com a frequência alegada. Vou reforçar agora essas dúvidas do modo mais direto, sugerindo que o efeito perverso não é, de maneira alguma, a única variedade concebível das consequências involuntárias e dos efeitos colaterais. Esses dois termos são de certo modo infelizes, pois contribuíram para estreitar nosso campo de visão. No trecho do livro *A riqueza das nações* em que Adam Smith introduz a "Mão Invisível", ele fala de um indivíduo que, agindo em interesse próprio, "promove um fim que *não fazia parte da sua intenção*" (ênfase acrescentada). É claro que, no contexto, esse fim era bom — um aumento do "produto anual" da sociedade. Mas, depois que o conceito de Smith tornou-se famoso e evoluiu para as consequências "imprevistas" ou "involuntárias", logo adquiriu conotação predominantemente negativa, por ser fácil que o "involuntário" se transforme em "indesejado", e disto em "indesejável".* A história do termo "efeito colateral" é menos complicada. Ele apenas *manteve* a conotação pejorativa que tinha em seu domínio original — o das ciências médica e particularmente farmacêutica. O efeito colateral de um remédio é quase sempre algo daninho que deve ser comparado à eficácia direta do remédio na cura de uma moléstia específica. Desse modo, ambos os termos adquiriram conotações negativas, que os transformaram em parentes próximos, mas não em sinônimos, do efeito perverso.

Na verdade, é óbvio que, além da assinalada por Smith, há muitas consequências involuntárias, ou efeitos colaterais, das ações humanas que são *bem-vindas*, em vez do contrário. Um exemplo conhecido pelos estudantes da história social e econômica euro-

---

* Tal deslocamento de sentido ocorreu a despeito do aviso de Robert Merton de que "consequências *imprevistas* não devem ser identificadas com consequências que são necessariamente indesejáveis". Ver o seu artigo clássico "As consequências imprevistas da ação social proposital", *American Sociological Review* 1, dezembro de 1936, p. 895. A ênfase é do original.

peia é o do efeito positivo do serviço militar universal sobre a alfabetização. De maneira parecida, a instituição da instrução pública obrigatória possibilitou a muitas mulheres a obtenção de um emprego — com certeza, uma consequência imprevista e presumivelmente muito positiva. Nós simplesmente não demos muita atenção a tais efeitos involuntários benignos, por não colocarem problemas que devam ser enfrentados e "resolvidos" com urgência.

Considerando a gama completa das possibilidades, devemos levar em conta também as ações, políticas e invenções que são comparativamente carentes de consequências imprevistas, bem-vindas ou não. Tais situações tendem a ser inteiramente esquecidas. Por exemplo, os que enfatizam os incentivos perversos contidos em muitos auxílios aos desempregados e em pagamentos da assistência social nunca mencionam que grandes áreas da assistência social são bastante impermeáveis às "reações da oferta" que se encontram na base do efeito perverso que possa estar em ação: é pouco provável que as pessoas arranquem os olhos a fim de qualificar-se para o pagamento da seguridade social ou aos incentivos fiscais correspondentes. Quando o seguro de acidentes de trabalho foi introduzido nos principais centros industriais europeus, no fim do século XIX, houve muitas alegações, por parte dos empregadores e de diversos "especialistas", de que os trabalhadores estavam se mutilando de propósito, mas com o tempo descobriu-se que esses relatórios haviam sido altamente exagerados.[29]

A seguir vêm os casos em que a "ação social proposital", para usar a expressão de Robert Merton, tem efeitos colaterais favoráveis e desfavoráveis, em um equilíbrio bastante dúbio. Nessas situações, porém, o viés que favorece a percepção dos efeitos colaterais negativos faz com que o julgamento seja apressado, e de costume a sentença pronunciada é de perversidade.

A discussão em torno dos alegados efeitos perversos das políticas de bem-estar social, nos Estados Unidos, pode servir como exemplo desse viés. O seguro-desemprego faz com que seja possível, para um trabalhador despedido, esperar antes de conseguir outro emprego. Em alguns casos, essa possibilidade de espera pode induzir à "preguiça", no sentido em que, por algum tempo, não se empreende nenhuma procura intensiva de emprego, mas o seguro-desemprego permite também que um trabalhador não aceite "trabalhar em qualquer emprego, por mais duros que sejam os termos",[30] e até certo ponto este é um desdobramento positivo. Esse efeito colateral pode até ter sido pretendido pelos políticos e planejadores, e, se for este o caso, eles foram menos míopes do que geralmente se supõe. Do mesmo modo, a disponibilidade de benefícios para mães que não trabalham e cuidam de suas crianças pequenas, no programa de assistência conhecido como AFDC (Aid to Families with Dependent Children [Auxílio a Famílias com Crianças Dependentes]), foi muito atacada porque não só presta assistência a famílias já separadas como também tende, em certas situações, a estimular a separação. Neste caso, mais uma vez, pode-se perguntar se esse efeito colateral específico, se é que existe, é sempre perverso. Tal como foi salientado em um estudo de 1987, a existência do AFDC possibilita que mulheres pobres escapem de casamentos em que estejam sendo brutalizadas ou sofrendo qualquer outra forma de maus-tratos.[31] Assim, a assistência social e a vilipendiada "dependência" dela podem contrapor outro tipo de dependência e vulnerabilidade: o que resulta de situações familiares opressivas.

Finalmente, voltamo-nos para situações em que os efeitos secundários ou colaterais vão com certeza *desviar-se* do efeito pretendido de alguma ação proposital. Tais situações são, sem dúvida, frequentes e importantes, e com elas chegamos mais perto do caso da perversidade. Mas, nesse caso, o desfecho típico tem uma margem positiva que sobrevive ao massacre do efeito colateral negativo. Alguns exemplos podem ser úteis. Os limites de velocidade e a introdução do uso obrigatório do cinto de segurança fizeram com que alguns motoristas relaxassem a vigilância ou dirigissem de modo mais agressivo. Tal "comportamento compensatório" podia ser causa de acidentes, sobretudo entre pedestres e ciclistas, que de outro modo não teriam ocorrido. No entanto parece pouco provável que o número total de acidentes suba em vez de baixar quando os regulamentos são introduzidos.* Os projetos de irrigação concebidos para aumentar a produção agrícola nos trópicos tiveram muitos efeitos colaterais negativos, desde a maior exposição da população local à esquistossomose à eventual perda de área irrigada, em virtude de alagamentos, para não falar do possível aumento das tensões sociais em torno do acesso à água e da distribuição das novas terras irrigadas. É provável que esse potencial para o dano físico, os prejuízos materiais e o conflito social reduzam os lucros brutos provenientes da irrigação, mas não a ponto de produzir um prejuízo líquido. Até certo ponto, esses efeitos colaterais daninhos podem ser evitados mediante políticas preventivas. Um exemplo final, muito discutido pelos economistas, é a desvalorização da moeda. Concebida para equilibrar a balança de pagamentos, a desvalorização será mais ou menos eficiente nessa tarefa na medida em que seus efeitos positivos de primeira ordem sejam contrapostos pelo seu efeito inflacionário e outros efeitos de

---

* O efeito perverso do regulamento sobre a frequência de acidentes foi alegado por Sam Peltzman, "Os efeitos dos regulamentos de segurança automobilística", *Journal of Political Economy* 83 (agosto de 1975), pp. 677-726, mas investigações posteriores criticaram essa tese. Mesmo reconhecendo a realidade de alguns "comportamentos compensatórios", um estudo de 1966 da Brookings concluiu: "Não pode haver dúvida de que os carros são hoje mais seguros que há vinte anos. A maioria dos aperfeiçoamentos ocorreu nos modelos dos anos de 1966 a 1974, precisamente no período em que o regulamento federal de segurança foi aplicado". Ver Robert W. Crandall et al., *Regulating the automobile* [Regulamentando o automóvel] (Washington, D.C., Brookings Institution, 1986).

segunda ordem concebíveis. Em geral, contudo, é pouco provável que tais efeitos sejam maiores que os de primeira ordem.

Com frequência, há de fato algo de intrinsecamente plausível nesse tipo de desfecho. Isso é válido pelo menos na medida em que a implementação de políticas seja uma atividade repetitiva, acrescentativa: nessas condições, as experiências de ontem são incorporadas sem cessar nas decisões de hoje, de modo que as tendências à perversidade tenham boa possibilidade de ser detectadas e corrigidas.

Há quase dois séculos e meio, Voltaire escreveu seu célebre romance *Cândido* para zombar da proposição de que o nosso é "o melhor de todos os mundos possíveis". Desde então, temos sido continuamente doutrinados sobre o poderio e a ubiquidade do efeito perverso no universo social. Talvez já esteja na hora de que um *Anti-Cândido* insinue que o nosso tampouco é o mais perverso de todos os mundos possíveis.

3. A tese da futilidade

O efeito perverso tem muitos atrativos. Adequa-se perfeitamente ao militante ardente, prestes a lançar-se em vigoroso ataque contra um movimento de ideias ou uma prática ascendente, ou até então dominante, que de algum modo se tornou vulnerável. Tem também certa sofisticação elementar e uma qualidade paradoxal que transmitem convicção àqueles que buscam percepções instantâneas e certezas totais.

O segundo argumento importante do arsenal "reacionário" é bem diferente. Em vez de quente, ele é frio, e sua sofisticação é mais requintada que elementar. Sua característica comum com o efeito perverso é sua desarmante simplicidade. Tal como já defini, a tese da perversidade assevera que "a tentativa de empurrar a sociedade em uma determinada direção fará com que ela, efetivamente, se mova, mas na direção contrária". O argumento que será explorado agora diz, ao contrário, que a tentativa de mudança é abortiva, que de um modo ou de outro qualquer suposta mudança é, foi ou será, em grande medida, de fachada, cosmética, e portanto ilusória, pois as estruturas "profundas" da sociedade permanecerão intactas. Chamarei esse argumento de tese da futilidade.

É significativo que esse argumento tenha recebido sua clássica expressão epigramática, *plus ça change, plus c'est la même chose*, na esteira de uma revolução. O jornalista francês Alphonse Karr (1808-90) cunhou essa expressão em janeiro de 1849, quando declarou que, "após tantas reviravoltas e mudanças, já está na hora de observar essa verdade elementar".[1] Em vez de uma "lei do movimento", temos aqui uma "lei do não movimento". Transformando-a em uma estratégia para evitar a mudança, temos o conhecido paradoxo do barão de Lampedusa no seu romance *O leopardo* (1959): "Se quisermos que tudo continue como está, é preciso que tudo mude".[2] Tanto os conservadores quanto, e ainda mais, os revolucionários adotaram às pressas esse aforismo da sociedade siciliana como o leitmotiv ou a epígrafe de estudos que afirmam o fracasso e a futilidade da reforma, especialmente na América Latina. Entretanto não é só a reforma que é condenada por não trazer nenhuma mudança real: tal como acabamos de observar, as reviravoltas revolucionárias podem receber acusações semelhantes. Esse enigma também é ilustrado por uma das mais famosas (e melhores) piadas oriundas da Europa oriental depois da instauração dos regimes comunistas na esteira da Segunda Guerra: "Qual é a diferença entre o capitalismo e o socialismo?". A resposta: "No capitalismo, o homem explora o homem; no socialismo, é o contrário". Essa foi uma maneira efetiva de afirmar que nada de básico mudara, a despeito da total transformação das relações de propriedade. Finalmente, o dito proverbial de Lewis Carroll em *Alice no País das Maravilhas* — "Aqui é preciso correr o máximo que se pode para ficar no mesmo lugar" — expressa mais uma faceta da tese da futilidade, colocando-a em um cenário dinâmico.

Todos esses ditos engenhosos ridicularizam ou negam os esforços, ou a possibilidade, de mudança, ao mesmo tempo que sublinham e talvez até festejem a resistência do status quo. Parece não haver nada no repertório de chistes que zombe do fenômeno oposto, ou seja, da ocasional queda de antigas estruturas, instituições ou estados de espírito sociais, e da sua surpreendente — e às vezes francamente cômica — incapacidade de resistir às forças da mudança. Essa assimetria diz-nos algo acerca da associação do conservadorismo com certo humor sábio nas coisas do mundo, em contraste com o alegado rigor e falta de humor dos que acreditam no progresso. O viés conservador dos epigramas serve assim para compensar o viés contrário da linguagem, com sua conotação pejorativa para "reação" e "reacionário".

É claro que é difícil argumentar ao mesmo tempo que um dado movimento de mudança social será nitidamente contraproducente, de acordo com a tese da perversidade, e não terá nenhum efeito, de acordo com a tese da futilidade. Por isso, em geral esses argumentos são usados por críticos diferentes — mas nem sempre.

As alegações da tese da futilidade parecem mais moderadas que as do efeito perverso, mas na realidade são *mais insultuosas* aos "agentes de mudança". Na medida em que o mundo social faça qualquer movimento em resposta a uma ação humana pela mudança, ainda que na direção errada, sempre resta a esperança de que esse movimento possa de algum modo ser corretamente dirigido. No entanto a demonstração ou descoberta de que tal ação é incapaz de fazer qualquer diferença deixa os promotores da mudança humilhados, desmoralizados, em dúvida sobre o sentido e o verdadeiro motivo de seus esforços.*

---

* Os argumentos da perversidade e da futilidade serão mais detalhadamente comparados um pouco adiante, neste mesmo capítulo.

QUESTIONANDO A EXTENSÃO DAS MUDANÇAS TRAZIDAS PELA REVOLUÇÃO FRANCESA: TOCQUEVILLE

É provável que as teses da perversidade e da futilidade apareçam com diferentes intervalos de tempo em relação às mudanças sociais ou ao movimento que comentam. O argumento do efeito perverso pode ser empregado logo após a introdução de tais mudanças. Porém, uma reviravolta social e econômica substancial ou prolongada em geral exige certa distância dos acontecimentos, antes que alguém avance uma interpretação que implique que os contemporâneos de tais eventos estavam longe da realidade quando os interpretaram como uma mudança fundamental.

A Revolução Francesa é uma ilustração particularmente marcante disso. Seus contemporâneos, tanto na França quanto em outras partes, experimentaram-na como um evento absolutamente cataclísmico — prova disso é a declaração de Burke, no início das *Reflections*: "Juntando todas as circunstâncias, a Revolução Francesa é a mais espantosa ocorrida até hoje no mundo".[3] Não é surpreendente, portanto, que qualquer questionamento do papel crucial da Revolução na formação da França moderna tivesse que esperar pelo desaparecimento da geração revolucionária. Tal questionamento veio em 1856, quando Tocqueville apresentou uma tese, em *L'Ancien Régime et la Révolution* [O Antigo Regime e a Revolução], segundo a qual a Revolução representava muito menos uma ruptura com o Ancien Régime do que fora comumente considerado. Apoiando-se no que na época foi considerada uma impressionante pesquisa de arquivos, ele demonstrou que algumas das "conquistas" altamente alardeadas da Revolução, da centralização administrativa à disseminação da agricultura em pequena escala feita pelo proprietário, já existiam de fato antes da sua eclosão. Até os famosos "Direitos do Homem e do Cidadão" já haviam sido em parte instituídos pelo

Antigo Regime, muito antes de serem solenemente "declarados" em agosto de 1789.

Quando o livro foi publicado, essa tese desmascaradora, contida na segunda parte, foi considerada sua mais importante contribuição original, mais que as muitas observações sagazes contidas na terceira parte. Isso porque, na época, as questões cruas que os contemporâneos ou quase contemporâneos de tais eventos não podiam deixar de colocar — a Revolução poderia ter sido evitada? Foi uma coisa boa ou ruim? — estavam ainda na ordem do dia, e com efeito haviam adquirido uma nova atualidade, posto que a França sucumbira havia pouco a mais um Napoleão, após mais uma revolução sangrenta. Nessas circunstâncias, a descoberta, feita por Tocqueville, de muitas áreas de continuidade entre o Ancien Régime e a França pós-revolucionária tinha claras implicações políticas, que foram salientadas, logo depois da publicação do livro, em duas importantes resenhas. Uma foi feita por Charles de Rémusat, destacado escritor e político liberal; outra, por Jean-Jacques Ampère, historiador, amigo íntimo de Tocqueville e seu colega na Academia Francesa. Rémusat expõe a questão de maneira sutil:

> Mais interessado [...] pela realidade do dia a dia que pelos eventos extraordinários, e mais pelas liberdades civis que pelas políticas, [Tocqueville] empreende [...] sem fanfarra e quase sem reconhecer para si mesmo, uma certa reabilitação do Antigo Regime.[4]

Ampère é mais explícito:

> O espanto nos toma quando vemos, por meio do livro de M. de Tocqueville, a que ponto todas as coisas que considerávamos como resultados ou, como dizem, "conquistas" da Revolução já existiam no Antigo Regime: centralização administrativa, tutela adminis-

trativa, hábitos administrativos, garantias ao servidor civil [...] extrema divisão da terra, tudo isso antes de 1789 [...]. Lendo tais coisas não podemos deixar de nos perguntar o que foi que a Revolução mudou, e por que aconteceu.⁵

A segunda citação deixa particularmente claro que, além de todas as suas outras glórias (maiores), Tocqueville pode ser considerado o iniciador da tese da futilidade. No caso dele, a futilidade assumiu uma forma "progressista" especial. Tocqueville não se dedicou a negar que algumas mudanças sociais básicas haviam de fato sido alcançadas na França, no final do século XVIII; em vez disso, reconhecendo que tais mudanças haviam ocorrido, ele argumentou que isso acontecera em grande parte antes da Revolução. Considerando o imenso esforço da Revolução, tal posição era, repetindo, mais insultante e ferina à opinião pró-revolucionária que os assaltos diretos de um Burke, um Maistre ou um Bonald. Esses autores pelo menos creditavam à Revolução o fato de ter havido mudanças e realizações em larga escala, ainda que ruins e desastrosas. Com a análise de Tocqueville, as titânicas lutas e as imensas convulsões da Revolução ficaram estranhamente diminuídas, até mesmo desconcertantes e um pouco ridículas em retrospectiva, pois se era forçado a se perguntar a que viera tanto estardalhaço.

Observando que a tradição historiográfica aderiu à imagem da Revolução como ruptura total (que também era a imagem que a Revolução tinha de si mesma), François Furet levanta a questão diretamente: "Nesse jogo de espelhos em que o historiador e a Revolução aceitam um a palavra do outro... Tocqueville introduziu a dúvida no nível mais profundo: e se, em todo esse discurso sobre a ruptura, não houvesse mais que a *ilusão* de mudança?".⁶

Tocqueville propôs várias soluções engenhosas para a charada que montou, como seu famoso trecho, na terceira parte do livro, em que afirma que é mais provável que as revoluções estourem onde a mudança e a reforma já estejam ocorrendo vigorosamente. Para o leitor moderno, essas são as partes mais interessantes do livro, mas na época elas eram talvez sutis demais para ser aceitas como uma explicação plenamente satisfatória do paradoxo.

As observações que se seguem podem ajudar a resolver outra pequena charada: por que a considerável contribuição de Tocqueville à historiografia da Revolução Francesa foi tão amplamente ignorada na França, a despeito do sucesso inicial do livro? Com efeito, apenas recentemente a obra recebeu uma atenção especial por parte de um historiador francês importante, mais especificamente de Furet. A razão para essa estranha negligência não pode ser apenas porque, na França, Tocqueville foi durante muito tempo tido como conservador ou reacionário em um meio cujas simpatias estavam predominantemente com a Revolução e com a esquerda. A posição de Taine foi muito mais hostil à Revolução que a de Tocqueville, e no entanto seu livro *Les origines de la France contemporaine* foi levado muito mais a sério por Alphonse Aulard e outros praticantes do ofício. Talvez a adoção da tese da futilidade por Tocqueville tenha sido responsável por essa negligência: os historiadores dos períodos posteriores nunca o perdoaram inteiramente por ter levantado dúvidas acerca do caráter *pivotal* da Revolução Francesa — o fenômeno a cujo estudo, afinal de contas, eles estavam dedicando suas vidas.

A contribuição de Tocqueville à tese da futilidade assumiu uma forma bastante complexa que, posso acrescentar, o isenta em grande parte das críticas que serão feitas contra essa tese mais adiante, neste capítulo. Uma fórmula mais simples também pode ser encontrada em *L'Ancien Régime et la Révolution*. Perto do final do livro, Tocqueville fala das diversas tentativas, desde 1789, de restaurar instituições livres na França (é provável que tivesse em mente as revoluções de 1830 e 1848), e explica de maneira notável por que essas tentativas fracassaram: "Toda vez desde [a Revolução] que quisemos destruir o poder absoluto, só conseguimos pôr a cabeça da Liberdade em um corpo de escravo".[7] Isso é o mesmo que dizer (usando uma metáfora contemporânea bem diferente) que as mudanças introduzidas foram "meramente cosméticas", e deixaram inalterada a essência das coisas. Esse tipo direto de tese da futilidade nunca foi perseguido em nenhuma medida por Tocqueville. Contudo será copiosamente encontrado daqui para a frente.

QUESTIONANDO A EXTENSÃO DAS MUDANÇAS QUE PODEM OCORRER COM O SUFRÁGIO UNIVERSAL: MOSCA E PARETO

Por ter sido a Revolução Francesa um evento tão espetacular, a poeira tinha de assentar antes que se pudesse empreender um exercício desmascarador ou diminuidor como o de Tocqueville. A situação era bem diferente na aparição seguinte da tese da futilidade, em reação à ampliação do direito de voto e à consequente participação das massas na política, na segunda metade do século XIX. Essa ampliação ocorreu de maneira gradual, díspar e um tanto anódina nos diversos países europeus, e durou quase um século, se começarmos a contar a partir do Ato de Reforma inglês, de 1832. Não houve nenhum ponto de descanso óbvio na marcha para o sufrágio universal, que cedo pareceu ser, aos observadores contemporâneos, o desfecho inevitável do processo. Nas circunstâncias em que ocorreu, a tendência foi submetida a críticas muito antes de ter chegado a seu término, e todo um bando de detratores apareceu. Alguns, tais como os analistas de multidões e particularmente Le Bon, previram um franco desastre; outros, também neste caso os do tipo mais "frio" e severo, optaram pela tese da futilidade: expuseram e ridicularizaram as ilusões que os eternos ingênuos progressistas tinham acerca das profundas e benéficas mudanças que supostamente adviriam do sufrágio universal — e sustentaram que este mudaria muito pouca coisa, se é que mudaria alguma coisa. Tal como a tese de Tocqueville sobre a Revolução Francesa, esta parece ser uma posição difícil de defender. Como pode ser que a introdução do sufrágio universal em sociedades ainda profundamente hierárquicas *não* tenha consequências de vulto? Só argumentando que os reformadores estavam ignorando alguma "lei" ou "fato científico" que tornaria as disposições sociais impermeáveis à mudança política proposta. Essa foi a famosa máxima expressa de maneiras diferentes por Gaetano Mosca (1858-1941) e Vilfredo Pareto (1848-1923), segundo a qual qualquer sociedade, independentemente da sua organização política de "superfície", está sempre dividida entre governantes e governados (Mosca), ou entre a elite e a não elite (Pareto). A proposição era feita sob medida para provar a futilidade de qualquer movimento em direção à verdadeira "cidadania política" por meio do direito de voto.

Partindo de premissas diferentes, Mosca e Pareto chegaram de modo mais ou menos independente à mesma conclusão, no final do século XIX. No caso de Mosca, os "dados sensoriais" imediatos que o rodeavam quando jovem na Sicília fizeram talvez com que lhe parecesse palpável que os proprietários de terras firmemente entrincheirados e outros detentores do poder na ilha tornassem inócua e sem sentido a mera ampliação do direito de voto. Talvez o aparente absurdo de introduzir uma reforma importada em um meio totalmente hostil o tenha levado a seu argumento básico, expresso pela primeira vez, quando o autor tinha 26 anos, em *Teorica dei governi e governo parlamentare*, livro que ele reescreveria, engordaria e às vezes suavizaria pelo resto da sua longa vida. A ideia central baseava-se na simples, quase óbvia observação de que todas as sociedades organizadas são constituídas por uma vasta maioria sem nenhum poder político e por uma minoria de detentores do poder — a "classe política", termo que ainda hoje é usado na Itália com o sentido que lhe deu Mosca. Essa percepção — "uma chave de ouro para os arcanos da história humana", como escreveu o editor inglês de Mosca na introdução da sua obra mais conhecida[8] — foi depois largamente empregada em diversas acepções polêmicas e doutrinárias.

Em primeiro lugar, Mosca alegou com grande deleite que os principais filósofos políticos, de Aristóteles a Maquiavel e Montesquieu, haviam focalizado apenas as características superficiais dos regimes políticos quando fizeram as veneráveis distinções entre diversas formas de governo, tais como entre monarquias e repúblicas, ou entre aristocracias e democracias. Mostrava que todas essas formas estão sujeitas à dicotomia muito mais fundamental entre governantes e governados. Para finalmente construir uma verdadeira ciência da política, seria preciso entender como a "classe política" recruta a si mesma, mantém-se no poder e legitima-se mediante ideologias que Mosca chamou de "fórmulas políticas", tais como a "vontade divina", o "mandato popular" e outras manobras transparentes parecidas.

Tendo desmascarado seus ilustres predecessores, Mosca passou ao desmantelamento dos seus contemporâneos e das suas várias propostas para o aperfeiçoamento da sociedade. O poder da sua nova ferramenta conceitual é ilustrado de modo marcante em sua análise do socialismo. Começa com esta sentença aparentemente despretensiosa: "as sociedades comunistas e coletivistas seriam, sem dúvida alguma, administradas por funcionários". Como observa Mosca com sarcasmo, os socialistas, convenientemente, esqueceram-se desse "detalhe", decisivo para uma correta avaliação dos arranjos sociais propostos: em conjunção com a proscrição das atividades econômicas e profissionais independentes, o domínio desses poderosos funcionários está fadado a resultar em um estado em que "uma tirania única, esmagadora, que tudo abarca e absorve, pesará sobre todos".⁹

O principal interesse de Mosca era por seu país e por suas perspectivas políticas. Após um breve entusiasmo pelo Risorgimento, as classes profissionais e intelectuais italianas estavam enormemente desiludidas com a política clientelista que surgiu, sobretudo no Sul, na recém-unificada nação. Munido dessa nova percepção, e dada sua especial preocupação com essa região, Mosca se propôs a provar de uma vez por todas que as instituições democráticas — ainda bastante imperfeitas — que a Itália se tinha dado não passavam de um simulacro. Esta é sua explicação:

> A presunção legal de que o representante é escolhido pela maioria dos votantes é a base da nossa forma de governo. Muitos acreditam cegamente na verdade dessa presunção. No entanto os fatos revelam algo bem diferente. E tais fatos estão à disposição de qualquer um. Qualquer pessoa que tenha participado de uma eleição sabe muito bem [*benissimo*] que o *representante não é eleito pelos votantes, mas, em geral, se faz eleger por eles*. Ou, se isso soa desagradável, podemos dizer: seus amigos fazem com que seja eleito. Seja qual for o caso, uma candidatura é sempre obra de um grupo de pessoas unidas por um propósito comum, uma minoria organizada que, fatal e inevitavelmente, impõe sua vontade à maioria desorganizada.¹⁰

A tese da futilidade não podia ser esboçada de modo mais claro. O sufrágio não pode mudar nada na estrutura de poder existente na sociedade. "Aquele que tem olhos para ver" — uma das expressões favoritas de Mosca — "deve perceber que 'a base legal ou racional de qualquer sistema político que admita as massas populares na representação é uma *mentira*'".¹¹

O libelo de Mosca contra as nascentes instituições democráticas é notavelmente diferente do de seu contemporâneo Gustave

Le Bon. Mosca vê essas instituições como impotentes, exercícios de futilidade e hipocrisia; sua atitude para com elas e seus defensores é de ridículo e desprezo. Le Bon, ao contrário, vê a ascensão das instituições democráticas como agourenta e perigosa, pois elas reforçarão o poder da multidão, com sua irracionalidade e propensão a cair presa dos demagogos. Mosca ridiculariza a ampliação do direito de voto por sua incapacidade de efetuar mudanças, por seu fracasso predestinado em cumprir suas promessas e dar ao povo uma escolha mais ampla; Le Bon a critica por todos os desastres que ameaçam derrubar o Estado caso essa promessa seja cumprida.

E, no entanto, as duas teses não são totalmente diferentes. Após argumentar que o direito de voto não seria capaz de produzir as mudanças positivas com que seus ingênuos advogados contavam ou pelas quais esperavam, Mosca conseguiu aduzir diversas razões pelas quais esse direito poderia de fato tornar as coisas piores — em outras palavras, passou da tese da futilidade à da perversidade. Os maus procedimentos que acompanham a manipulação das eleições por parte da "classe política" diminuiriam a qualidade dos candidatos aos cargos públicos, funcionando assim como um desestímulo aos cidadãos de espírito mais elevado para interessar-se pelos negócios públicos.[12] Também, em uma série de artigos de jornal publicados na década que precedeu a Primeira Guerra, Mosca opôs-se à abolição do teste de alfabetização como condição do direito de voto, pela razão tática de que os principais grupos de analfabetos se encontravam entre os trabalhadores agrícolas sem-terra do Sul, e conferir-lhes o direito de voto só reforçaria o poder dos grandes latifundiários.[13] É como se o autor tivesse simplesmente assumido, de uma vez por todas, uma violenta repulsa por eleições, voto e direito de voto, e tivesse usado todos os argumentos disponíveis para dar vazão à sua emoção ou para confirmar-se nela.

A teoria de Pareto sobre a dominação da elite como uma constante da história é próxima à de Mosca, tanto em sua análise quanto nos usos polêmicos aos quais se aplica. Sua teoria já estava plenamente formulada no *Cours d'économie politique*, de 1896-7; o *Traité de sociologie générale*, publicado muito depois (1915), acrescenta principalmente a teoria da *circulação* das elites. A linguagem de Pareto, no *Cours*, curiosamente — e talvez de propósito — soa como a do *Manifesto comunista*: "A luta empreendida por certos indivíduos para apropriar-se da riqueza produzida por outros é o grande fato que domina toda a história da humanidade".[14] No mesmo parágrafo, porém, Pareto distancia-se do marxismo ao usar o termo "espoliação", em vez de "exploração" ou "mais-valia", e deixa claro que tal espoliação se deve à tomada, pela classe dominante, do controle do Estado, que é chamado de máquina de espoliação. O desfecho crucial, ao estilo de Mosca, vem logo a seguir: "Importa muito pouco se a classe governante é uma oligarquia, uma plutocracia ou uma democracia".[15] O que Pareto parece de fato querer demonstrar aqui é que uma democracia pode ser tão "espoliativa" da massa do povo quanto qualquer outro regime. Citando o exemplo da cidade de Nova York, provavelmente baseado nos artigos sobre o sistema político dos EUA escritos pelo cientista político russo Moisei Ostrogorrski e publicados (em francês) no final da década de 1880,[16] Pareto observa que o método pelo qual a classe governante ou "espoliadora" é recrutada não tem nada a ver com o fato ou o grau da própria espoliação. Na verdade ele insinua que quando o recrutamento da elite é feito mediante eleições, em vez de por vias hereditárias ou de cooptação, as possibilidades de espoliação das massas podem muito bem ser maiores.[17]

Segundo Pareto, o advento do sufrágio universal e das eleições democráticas não poderia, portanto, trazer nenhuma mudança social ou política real. Talvez não tenha sido adequadamente observado que essa posição ajusta-se de forma notável à sua obra sobre a distribuição de renda, que o tornou instantaneamente famoso entre os economistas quando publicada pela primeira vez, em 1896, separadamente e no *Cours*.[18] Logo depois de assumir sua cátedra em Lausanne, em 1893, Pareto reuniu dados sobre a distribuição de frequência das rendas individuais em diversos países em diferentes épocas, e se propôs a demonstrar que todas essas distribuições seguiam de perto uma expressão matemática simples, que relaciona a renda ao número dos que recebem acima de seu valor. Além disso, o parâmetro principal (o alfa de Pareto) dessa expressão acabou tendo valores numéricos semelhantes em todas as distribuições coletadas. Tais resultados sugeriam, tanto a Pareto quanto a seus contemporâneos, que ele havia encontrado uma lei natural — e, com efeito, Pareto escreveu: "Estamos aqui em presença de uma lei natural"[19] —, e suas descobertas ficaram conhecidas como a Lei de Pareto. A respeitada enciclopédia de economia da época, o *Palgrave's dictionary of political economy*,[20] continha um verbete com esse título, escrito pelo renomado economista de Cambridge F. Y. Edgeworth, que participara das discussões científicas em torno das descobertas de Pareto.

O sucesso de Pareto logo foi emulado. Em 1911, o sociólogo Roberto Michels, que fora consideravelmente influenciado tanto por Mosca como por Pareto, proclamou uma Lei de Ferro da Oligarquia em seu importante livro *Political parties* [Partidos políticos].[21] De acordo com essa lei, os partidos políticos, os sindicatos e outras organizações de massa são invariavelmente controlados por oligarquias autoperpetuantes, que agem em grande parte em interesse próprio, desafiando as tentativas de participação ou controle democrático.

Uma vez que Pareto elevou seus achados estatísticos sobre a distribuição de renda à categoria de lei natural, importantes implicações políticas se seguiram. Era possível agora alegar que, assim como no caso da interferência com a Lei da Oferta e da Procura, era fútil (na melhor das hipóteses) tentar mudar um aspecto tão básico e invariante da economia como a distribuição de renda, seja por meio de expropriação, taxação ou legislação de bem-estar social. A única maneira de melhorar a condição das classes mais pobres era aumentar a riqueza total.[22]

O principal uso polêmico da nova lei foi provavelmente na controvérsia com os socialistas, cuja fortuna eleitoral estava então em ascensão em muitos países. Tal como comenta o editor das obras compiladas de Pareto:

> O ódio de Pareto pelo socialismo infundiu-lhe um extraordinário ardor: que belo desafio demonstrar, munido de documentos, que a distribuição de renda é determinada por forças fundamentais [...]! Se a empresa fosse coroada de êxito, as soluções advogadas pelo socialismo seriam definitivamente classificadas como utopias.[23]

Ao mesmo tempo, as descobertas de Pareto acerca da distribuição de renda suscitaram dúvidas consideráveis acerca da capacidade de uma política reformista democrática, baseada no sufrágio universal, de alcançar objetivos muito mais modestos, tais como o estreitamento dos diferenciais de renda. Nesse sentido, a Lei de Pareto sobre a distribuição de renda chegava às mesmas conclusões que suas ideias sobre o Estado como uma permanente "máquina de espoliação": tanto na esfera política como na econômica, as aspirações democráticas estão condenadas à futilidade já que vão contra a ordem imanente das coisas. A ênfase polêmica é sobre a ingenuidade dos que desejam mudar o que é dado como invariante pela natureza. Mais uma vez, porém, tal como na análise de Mosca, o argumento é enriquecido com um traço de efeito perverso. Ir contra a ordem das coisas não é apenas inútil, pois, como diz Pareto em um artigo escrito para o público em geral, "os esforços feitos pelo socialismo de Estado para mudar artificialmente essa distribuição [de renda] têm como primeira consequência a destruição da riqueza. Resultam, portanto, no exato oposto do que se quer: pioram as condições dos pobres em vez de melhorá-las".[24]

Aparentemente, os autores da tese da futilidade não se sentem muito à vontade com seu próprio argumento, por mais elegante que tenha sido a sua concepção: sempre que possível, recorrem ao efeito perverso em busca de reforço, adorno e fecho. Até Lampedusa, mestre-estratego da imobilidade social, prevê no final do seu romance que a imobilidade, com o tempo, será seguida pela deterioração. "Mais tarde será diferente, mas pior. Éramos os leopardos, os leões: seremos substituídos pelos pequenos chacais, as hienas."[25]

A contribuição das ciências sociais italianas à tese da futilidade é notável. Agrupados sob o rótulo de "teóricos da elite", Mosca, Pareto e Michels desenvolveram-na sistematicamente em muitas direções.* Tal como já foi observado, o arraigado atraso social e político da Sicília tornou tentador para Mosca afirmar que a introdução do sufrágio universal seria incapaz de modificar as formas existentes de dominação. Essa descrença na possibilidade de mudança era o núcleo da obra de Mosca, tal como o foi a crença correspondente na capacidade ilimitada da estrutura de poder existente para absorver e cooptar as mudanças.

A Itália, porém, não pode reivindicar um monopólio sobre esse tipo de raciocínio. De modo bastante estranho, a tese da futilidade também pode ser encontrada na Inglaterra do século XIX,

---

* No seu *Political parties* (p. 355), Michels cita com aprovação a expressão italiana *Si cambia il maestro di cappella/ Ma la musica è sempre quella* (Troca-se o maestro de capela/ Mas a música é sempre aquela). Trata-se de um exato equivalente de *Plus ça change, plus c'est la même chose*, com a rima de lambujem.

que era então o posto avançado da modernidade econômica e da democratização gradual da Europa:

> Legislem como queiram, estabeleçam o sufrágio universal [...] como uma lei que nunca pode ser rompida. Ainda estarão tão longe quanto sempre estiveram da igualdade. O poder político terá mudado de forma, mas não de natureza [...] De uma maneira ou de outra, o homem mais forte sempre governará [...] Em uma democracia pura, os governantes serão os manipuladores e seus amigos [...] Os homens dirigentes de um sindicato são tanto os superiores e governantes dos membros do corpo em geral [...] quanto o senhor de uma família ou o chefe de uma fábrica é o governante e superior dos seus serviçais ou dos seus trabalhadores.

Mosca e Michels são aqui elegantemente confundidos um com o outro, muitos anos antes que eles expressassem suas próprias e tão semelhantes asserções. A citação é de *Liberty, equality, fraternity*, de James Fitzjames Stephen, uma ampla crítica do ensaio *On liberty*, de John Stuart Mill (1859), publicado pela primeira vez em 1873.[26] O livro pode ter sido inspirado pela constatação de que a considerável ampliação do direito de voto, alcançada por meio do Reform Act de 1867, não acarretara até então muitas mudanças no modo como a Inglaterra era governada, a despeito de toda a apreensão pelo famoso "salto no escuro" (ver Capítulo 4). Contudo, por mais notável que seja aqui a convergência com as ideias dos teóricos italianos, o trecho não está bem integrado à principal objeção levantada por Stephen contra o sufrágio universal, com o fundamento muito mais convencional de que este "tende a inverter o que eu consideraria a relação verdadeira e natural entre a sabedoria e a tolice. Acho que os homens sábios e bons deveriam governar os que são tolos e maus".[27] Esse tipo de afirmação, bastante comum entre os oponentes do Reform Act de 1867 e do sufrágio universal em geral, implica que a introdução da democracia seria ativamente daninha, e não que deixaria as coisas quase intactas (o que é a essência da tese da futilidade).

QUESTIONANDO A EXTENSÃO EM QUE O WELFARE STATE "ENTREGA OS BENS" AOS POBRES

A crítica conservadora ao Welfare State baseia-se principalmente nos raciocínios econômicos tradicionais sobre os mercados, as propriedades de equilíbrio dos resultados de mercado e as consequências nocivas da interferência em tais resultados. A crítica assinalou os vários efeitos nocivos e contraproducentes que podem vir na esteira das transferências de pagamento aos desempregados, aos incapacitados e aos pobres em geral. Alega-se que, por mais bem-intencionados que sejam, tais pagamentos induzem "à preguiça e à depravação", criam dependência, destroem outros sistemas de assistência mais construtivos e atolam os pobres em sua pobreza. Esse é o efeito perverso da interferência no mercado.

No entanto, para que esse efeito entre em ação, é preciso que o Welfare State conte com pelo menos uma realização anterior a seu *crédito*: gere as transferências de pagamento e faça com que elas de fato *cheguem* aos pobres. Só então as consequências nocivas (preguiça, dependência etc.) podem realmente ocorrer.

Neste ponto surge o esboço de outra crítica possível. E se as transferências de pagamento nunca chegarem aos beneficiários a que se destinam, e forem, em vez disso, desviadas, talvez não totalmente, mas em grande parte, para outros grupos sociais com maior poder de barganha? O argumento tem muita coisa em comum com a denúncia, feita por Mosca e Pareto, das eleições democráticas como farsa sem sentido (ao contrário do argumento de Le Bon sobre os perigos extraordinários de despertar as massas). Tem aquela qualidade de "insulto" que foi observada antes como um traço característico da tese da futilidade. Quando se pode demonstrar que um plano de assistência social beneficia à classe média, e não aos pobres, seus promotores são apontados não apenas como ingenuamente inconscientes dos possíveis efeitos colaterais perversos; mais que isso, ficam sob a suspeita de estar servindo a seus próprios interesses, promovendo o plano, desde o início, com a intenção de "puxar a brasa para sua sardinha", ou, de maneira mais caridosa, *aprendendo* a desviar boa parte dos fundos disponíveis para seus próprios bolsos.

É claro que, na medida em que esse tipo de argumento possa ser formulado com alguma plausibilidade, seus efeitos serão devastadores. Os argumentos a favor do Welfare State poderiam ser expostos como fraudulentos e seriam seus críticos que, em vez de parecer carentes de compaixão, poderiam posar de verdadeiros defensores dos pobres contra ávidos e parasitários interesses particulares.

Por mais atraente que possa ser a invocação desse argumento aos oponentes da legislação do Welfare State, a extensão em que foi de fato usado nos anos recentes é limitada por duas razões principais. Em primeiro lugar, desta vez é muito óbvia a incoerência da tese da futilidade com o argumento do efeito perverso. Seria preciso ter dons especiais de sofística para alegar ao mesmo tempo que os pagamentos da assistência social têm todos aqueles apregoadíssimos efeitos perversos sobre o padrão de comportamento dos pobres *e também* que não chegam a esses mesmos pobres. A segunda razão é específica do debate nos Estados Unidos. A principal discussão sobre a reforma da assistência social, aqui, concentra-se nos programas — basicamente a AFDC — cujos beneficiários têm de passar por uma avaliação de sua situação financeira; na ausência de uma vasta incapacidade administrativa ou corrupção, a probabilidade de que tais programas sejam desviados para os não pobres é um tanto limitada. Consequentemente, o peso maior das críticas econômicas e sociais ao Welfare State tem de ser descarregado em outros argumentos.

O argumento da futilidade ou "desvio" teve, apesar disso, importante papel subsidiário no debate. Isso ficou particularmente claro na época da Grande Sociedade de Lyndon Johnson, quando se ouvia com frequência a acusação de que muitos dos mais recentes programas de assistência social serviam antes de mais nada para assegurar empregos a um grande grupo de administradores, assistentes sociais e diversos profissionais, pintados como burocratas sedentos de poder que assim estendiam seus departamentos e aumentavam suas prerrogativas. Os programas de assistência por triagem, cujos repasses aos pobres deveriam estar acima das restrições do argumento do desvio, eram na verdade bastante vulneráveis a ele. A administração desses programas depende mais do pessoal que a dos programas categóricos, do tipo asseguradora, nos quais a elegibilidade à assistência depende de eventos ou critérios bem definidos, tais como idade, perda do emprego, acidente, doença ou morte.

A tese da futilidade, na forma do argumento do desvio que acabamos de ver, foi algumas vezes levantada como crítica geral do Welfare State. Um dos exemplos mais antigos é um breve mas influente artigo de George Stigler — economista de Chicago, ganhador do Prêmio Nobel — escrito em 1970. O título do artigo, um tanto quanto misterioso, era "Lei de Director da redistribuição da renda pública".[28] Director, fica-se sabendo depois, é o nome de um economista também de Chicago (Aaron Director, cunhado de Milton Friedman), a quem Stigler atribui a enunciação de uma "lei" — provavelmente em uma conversa, posto que nenhuma referência a ela é dada nem pode ser encontrada nos escritos publicados de Director. Segundo Stigler, Director sustentou que "os gastos públicos são feitos para o benefício primário das classes médias, e financiados com impostos pagos em parte considerável pelos pobres e pelos ricos". Antes disso, no seu artigo, Stigler negligencia o papel dos ricos e argumenta basicamente que os gastos públicos para fins tais como educação, habitação e seguridade social representam, se considerados em conjunção com os impostos que os financiam, transferências dos pobres para a classe média comandadas pelo Estado. Como é que tal situação pode ocorrer em uma democracia? A explicação de Stigler é simples. A classe média manobra o sistema de votação de maneira a reduzir o comparecimento dos pobres, por meio de exigências de alfabetização e registro, e coisas do gênero; uma vez controlado o poder político, ela molda o sistema fiscal para que este sirva a seus interesses corporativos. Algumas provas empíricas são citadas: a educação superior, na Califórnia e em outras partes, é subsidiada pelo Estado com recursos provenientes da arrecadação geral, mas os benefícios do sistema universitário favorecem mais os filhos das classes média e alta; do mesmo modo, a proteção policial serve basicamente às classes proprietárias, e assim por diante.

Esse tipo de argumento, é claro, já é conhecido na tradição marxista que, pelo menos na sua versão "vulgar", vê no Estado o "comitê executivo da burguesia" e denuncia como hipocrisia qualquer alegação de que o Estado possa concebivelmente servir ao interesse geral ou público. É de certo modo surpreendente encontrar um raciocínio tão "subversivo" entre certos pilares do sistema da "livre iniciativa". Mas não seria a primeira vez que os ódios compartilhados forjam estranhas camaradagens. O ódio compartilhado, neste caso, é dirigido contra a tentativa de reformar alguns aspectos negativos ou injustos do sistema capitalista, por meio de intervenção e programas públicos. Na extrema esquerda, tais programas são criticados por temor de que qualquer sucesso que venham a ter diminua o zelo revolucionário. Na direita, eles são submetidos a zombarias e críticas porque qualquer intervenção do Estado, em especial qualquer aumento dos gastos públicos para qualquer outro propósito que não a lei, a ordem e talvez a defesa, é considerada uma interferência nociva ou fútil em um sistema que supostamente se autoequilibra.

A "Lei de Director" de Stigler seria invocada muitas vezes, com ou sem os devidos créditos, nos anos subsequentes de progressivo ataque contra o Welfare State. Em 1979, Milton e Rose Friedman publicaram *Free to choose* [Livre para escolher], com um capítulo intitulado "Do berço à cova". Neste eles escreveram, entre muitos outros argumentos contra o Welfare State:

> Muitos programas tendem a beneficiar mais os grupos de renda média e alta que os pobres, para os quais supostamente se destinam. Os pobres tendem a carecer não só da instrução valorizada no mercado, mas também da instrução exigida para ter sucesso nas disputas políticas por fundos. Com efeito, é provável que a desvantagem deles no mercado político seja maior que no econômico. Assim que os reformadores bem-intencionados, que poderiam ter ajudado a ativar uma medida de assistência social, partem para outras reformas, os pobres são deixados por sua própria conta, e quase sempre são sobrepujados.[29]

O mesmo argumento recebeu alguns anos depois um tratamento de livro inteiro por Gordon Tullock. O título do livro, *Welfare for the well-to-do* [Bem-estar para os bem de vida],[30] não deixa nada a cargo da imaginação. Talvez por isso mesmo, ou por trazer ainda menos dados que o artigo de dez páginas de Stigler, o livro não parece ter causado muito impacto. Isso também pode ser dito do tratamento ampliado, dispensado por Tullock a seu livro *Economics of income redistribution* [Economia da redistribuição de renda].[31] O único apoio empírico fornecido à sua argumentação foi a asserção de que na Inglaterra a taxa de mortalidade entre os pobres *cresceu*, em vez de diminuir, depois da introdução do Serviço Nacional de Saúde[32] — mais uma vez, um proponente do argumento da futilidade julgou necessário acrescentar umas gotas de efeito perverso para maior efeito retórico.

Se uma estatística isolada como a que acabamos de ver é evidentemente incapaz de provar qualquer coisa, outro estudo, sério, sobre um dos principais programas de bem-estar social nos Estados Unidos causou considerável preocupação acerca de uma parte substancial do Welfare State — a transferência patrocinada de pagamentos a grupos de renda média ou até mesmo alta, aos quais não estavam destinados. Em 1974, Martin Feldstein — que mais tarde veio a ser o principal conselheiro econômico de Ronald Reagan — argumentou que é possível que isso aconteça no caso do seguro-desemprego. Logo no início do seu artigo, ele disse que estava escrevendo para desfazer "um mito nocivo", ou seja, "que os que coletam seguro-desemprego são pobres ou seriam pobres se não fosse por isso".[33] Estatísticas "muito surpreendentes" exibidas no artigo mostravam que "o número de famílias que recebem seguro-desemprego e o valor dos benefícios recebidos são distribuídos pelos níveis de renda, aproximadamente na mesma proporção que a população como um todo. Metade dos benefícios vai para as famílias situadas na metade superior da distribuição de renda".[34] Pior, prosseguia Feldstein: se comparamos os que recebem as rendas mais altas com os que recebem as mais baixas, a distribuição do seguro-desemprego fica francamente regressiva! (Estimativas posteriores mais completas, relatadas em uma nota subsequente, corrigiram essa "anomalia" específica, e eram no geral bem menos "surpreendentes".)[35]

Tentando explicar suas estranhas e perturbadoras descobertas, Feldstein sugeriu que "é mais provável que [os pobres] trabalhem em ocupações não cobertas, tenham trabalhado pouco demais para qualificar-se para os benefícios ou abandonaram seu último emprego [em vez de se fazerem despedir] [...] Em comparação, é mais provável que as pessoas com renda média e alta trabalhem em empregos cobertos e tenham ganho o suficiente para qualificar-se a receber os benefícios pelo máximo de tempo".[36] Em geral, é óbvio que os recebedores de renda alta e média estão mais capacitados para extrair do sistema todos os benefícios.

Além disso, com o imposto de renda progressivo, a isenção desfrutada pelos benefícios por desemprego, em vigor na época em que o artigo foi escrito, era muito mais valiosa para os recebedores de renda alta que para os de renda baixa. Essa vantagem específica para os recebedores de renda mais alta era claramente um presente involuntário: a isenção datava de 1938, quando a taxação da renda era bastante baixa e válida para apenas 4% da população. A isenção permaneceu nos códigos por muito tempo por pura inércia. Então, no final dos anos 1970, ela foi gradualmente restringida, em parte sob o impacto do artigo de Feldstein; finalmente, em 1986, o novo ato de reforma tributária incluiu todos os benefícios por desemprego nas rendas tributáveis, acabando assim com uma iniquidade especialmente gritante na administração desse programa específico de assistência social.

Esse episódio com certeza mostra uma "ingerência benéfica dos não pobres na operação do Welfare State", para usar a hábil expressão de uma publicação inglesa que analisa e critica o fenômeno do ponto de vista da esquerda.[37] Contudo a maneira como a história se desenrola no caso do seguro-desemprego afasta-se consideravelmente do roteiro Director-Spigler. Uma explicação mais caridosa do que pode estar acontecendo também é sugerida por um programa de assistência que tem tido destaque nos países em desenvolvimento.

Em vista do recente influxo maciço da população rural para as cidades do Terceiro Mundo, programas públicos ou subsidiados de habitação de baixo custo foram empreendidos em muitos países a partir dos anos 1950. No início, as unidades habitacionais construídas por esses programas eram, em quase todos os lugares, caras demais para as famílias mais pobres, cujo problema se pretendia sanar. Em consequência, essas habitações ficaram à disposição principalmente das famílias de classe média ou média baixa. Alguns fatores contribuíram para esse desfecho: o desejo, por parte dos políticos, de serem vistos *entregando una casa bonita* [em espanhol no original]; ignorância dos planejadores e arquitetos dos projetos quanto ao tipo de habitação que os pobres podem pagar; a indisponibilidade de materiais e métodos de construção de baixo custo; e, em especial nos países tropicais, a opção que se abre aos pobres de construir suas próprias casas, com seu próprio trabalho e com uma variedade de material muito barato descartado ou "encontrado", em terrenos "livres" (ocupados por invasão, o que em inglês se chama de *squatting*).

Programas subsequentes para auxiliar os pobres em seus problemas de moradia aprenderam com essa experiência e tiveram mais sucesso em alcançar os verdadeiramente pobres. Por exemplo, as autoridades municipais e os institutos de habitação patrocinaram os chamados programas de terreno-e-serviços: as provisões e os financiamentos públicos limitavam-se a instalar serviços básicos em lotes adequados, onde os ocupantes podiam construir suas casas com seus próprios meios. Finalmente, a assistência pública à habitação foi considerada mais proveitosa se se concentrasse no fornecimento de transporte público e serviços básicos a bairros já construídos, por mais "abaixo do padrão" ou prontos a serem demolidos que esses bairros pudessem parecer aos olhos dos observadores de classe média.

Cabe fazer aqui algumas observações. No caso do seguro-desemprego, a inclusão dos não pobres tinha um componente importante — a isenção do imposto de renda progressivo — introduzido inadvertidamente devido a desenvolvimentos ocorridos após a instauração do esquema de compensação. No caso das moradias de baixo custo, deve ser dito, em primeiro lugar, que até mesmo as moradias que não serviam para os pobres cumpriram um propósito social genuíno, aliviando a pressão sobre a classe média baixa nas cidades da América Latina. Em segundo lugar, a construção de habitações de baixo custo e as críticas feitas às falhas dessa construção transformaram-se numa valiosa experiência, instrutiva para as autoridades e para os institutos de habitação, ajudando-os a visualizar as reais dimensões da pobreza urbana. Com o tempo, as imagens tradicionais das "soluções" para o "problema da habitação" — em grande parte importadas dos países mais avançados — foram reformuladas, e conceberam-se métodos de intervenção com mais probabilidades de chegar aos elusivos "mais pobres dos pobres".

Em muitos aspectos, parece que o envolvimento dos não tão pobres em programas destinados aos pobres é ao mesmo tempo mais complexo e menos cínico que o que se insinua na versão que atribui o desvio de fundos inteiramente ao maior poder de barganha, ou de "dar cotoveladas", dos que estão melhor de vida. Em particular, as análises críticas dos resultados alcançados e "anomalias" (no termo de Feldstein) encontradas por autoridades, cientistas sociais e outros observadores podem ter um significativo papel corretivo em um processo contínuo de implementação de políticas.

REFLEXÕES SOBRE A TESE DA FUTILIDADE

A futilidade comparada à perversidade

Em cada um dos nossos três episódios, a tese da futilidade foi incorporada a formas bastante diferentes de raciocínio. Nesse aspecto, ela não se parece com a tese da perversidade, por cuja enunciação monótona e quase automática, nas mais diversas circunstâncias, eu já me desculpei. No entanto em cada episódio o argumento da futilidade reduziu-se a uma *negação* ou *subestimação da mudança* frente a movimentos aparentemente imensos e marcantes, tais como a Revolução Francesa, a marcha para o sufrágio universal e as instituições democráticas, no final do século XIX, e a subsequente aparição e expansão do Welfare State. O apelo desses argumentos baseia-se, em grande medida, no feito notável de contradizer, muitas vezes com óbvio deleite, o entendimento de senso comum desses acontecimentos como repletos de reviravoltas, mudanças ou reformas reais.

Uma considerável semelhança de raciocínio existe principalmente em dois dos nossos episódios — a crítica da democracia por Mosca e Pareto e a crítica das políticas do Welfare State por parte de Stigler e seus seguidores.* Em ambos os casos, mostra-se que tentativas de mudança política ou econômica não dão em nada, por ignorar alguma "lei" cuja existência foi supostamente estabelecida pelas ciências sociais. A ambição de democratizar o poder na sociedade mediante o estabelecimento do sufrágio universal é risível aos olhos de Pareto, que investigou a distribuição de renda e riqueza e descobriu que esta segue em toda a parte um padrão invariante, altamente desigual, que ficou conhecido como Lei de Pareto. Com a renda sendo distribuída desse modo fixado pela lei, e com as antigas hierarquias desmanteladas pela era burguesa, era óbvio a Pareto que a sociedade moderna era na verdade uma *plutocracia* — um de seus termos favoritos, ao lado de

---

* O restante deste capítulo se concentra nessas duas encarnações da tese da futilidade. Elas compartilham uma preocupação com reformas políticas e sociais no presente, enquanto a contribuição de Tocqueville foi primordialmente uma nova interpretação de eventos passados.

"espoliação". A alardeada democracia não passava de uma máscara para ocultar a realidade da plutocracia. Por sua vez, a Lei de Ferro da Oligarquia, de Roberto Michels, seguia de perto as ideias de Mosca e Pareto; e a Lei de Director, tal como foi enunciada por Stigler, pode também ser vista como derivada diretamente das concepções de Pareto e Michels.

Pareto e Michels não tinham dúvidas sobre o caráter de lei das regularidades que revelaram, e Pareto, particularmente, obviamente se orgulhava por ter seu nome associado a elas. Foi apenas neste último aspecto que houve mudanças nas manifestações subsequentes da tese da futilidade. Quando Stigler, por sua vez, decidiu proclamar uma regularidade com aspecto de lei natural que governa o campo socioeconômico e esmaga invariavelmente as tentativas de redistribuir a renda, preferiu dar-lhe o nome de um colega mais graduado e um tanto obscuro. Assim a humildade demonstrada por Stigler talvez possa ser explicada pelo seu desejo de reforçar a autoridade da "lei", *não* a proclamando como sua. Por outro lado, ele pode ter desejado estabelecer certa distância entre ele e a regularidade que apregoava: afinal de contas, nos setenta anos que se tinham passado desde que Pareto anunciara sua lei, a reputação das ciências sociais na área da enunciação de "leis" realmente válidas havia sofrido alguns reveses. De qualquer modo, a tese da futilidade foi novamente proposta, essencialmente na mesma forma que servira tão bem a Pareto e Michels — a de uma lei que governa o mundo social, recentemente descoberta pelas ciências sociais, que se ergue como uma barreira intransponível à engenharia social.

Neste ponto surge uma diferença muito mais substancial entre a tese da futilidade e a da perversidade. À primeira vista pode ter parecido que a tese da futilidade, bem como o efeito perverso, baseia-se na noção das consequências imprevistas da ação humana. Mas quando se invoca a futilidade, em vez do efeito perverso, os efeitos colaterais involuntários simplesmente cancelariam a ação original, ao invés de chegar ao ponto de produzir um resultado oposto ao desejado. A tese da futilidade, no entanto, não é de modo algum concebida, como se não fosse mais que uma versão mais suave da tese da perversidade. No cenário da tese da futilidade, as ações ou intenções humanas não são frustradas por desencadear uma série de efeitos colaterais, mas por pretender mudar o que não pode ser mudado, por ignorar as estruturas básicas da sociedade. Ambas as teses apoiam-se, portanto, em visões quase contrárias do universo social e da ação proposital humana e social. O efeito perverso vê o mundo como notavelmente *volátil*, onde cada movimento leva no mesmo instante a uma variedade de contramovimentos insuspeitados; os advogados da futilidade, ao contrário, veem o mundo como algo *altamente estruturado*, evoluindo segundo leis imanentes, que as ações humanas são risivelmente impotentes para mudar. A relativa suavidade da alegação da tese da futilidade — que as ações humanas que perseguem uma dada meta são anuladas em vez de alcançar o exato oposto — é assim mais que compensada pelo que chamei antes de caráter de insulto, pela refutação desdenhosa que opõe a qualquer sugestão de que o mundo possa estar aberto à mudança progressiva.

Não é de estranhar, então, que ambas as teses tenham afinidades ideológicas muito diferentes. Na clássica formulação do efeito perverso por Maistre, é a Divina Providência que frustra os atores humanos. Provocando um resultado que é o exato oposto das intenções humanas, ela quase parece ter um interesse e um deleite *pessoais* na "doce vingança", e em demonstrar a impotência humana. Quando se chega à tese da futilidade, as ações humanas são frustradas e zombadas sem esse tipo de melindre pessoal: demonstra-se que elas são irrelevantes, pois ofendem alguma lei majestosa que governa de maneira impessoal. Nesse sentido, o efeito perverso tem afinidade com o mito e a religião, e com a crença na intervenção divina direta nos assuntos humanos, ao passo que o argumento da futilidade está mais ligado à crença subsequente na autoridade da ciência, e particularmente à aspiração, típica do século XIX, de conceber uma ciência social com leis tão sólidas quanto as que então se imaginava que governavam o universo físico. Enquanto o efeito perverso tem fortes laços com o romantismo, os argumentos de futilidade de Mosca, Pareto e Michels invocavam a ciência, e adequavam-se perfeitamente ao combate contra a maré montante do marxismo e as pretensões científicas desse movimento.

A diferença entre as alegações de futilidade e perversidade é bem ilustrada por alguns desdobramentos bastante recentes na economia. No capítulo precedente observei que o efeito perverso é conhecido pelos economistas porque surge dos dogmas mais elementares de sua disciplina: a maneira como a oferta e a procura determinam os preços em um mercado que se autorregula. As interferências no mercado tais como controle de aluguéis e legislação de salário mínimo são exemplos clássicos de sala de aula das ações humanas contraproducentes, isto é, do efeito perverso. A maior parte dos economistas concorda que, na ausência de argumentos normativos em contrário (como, por exemplo, a legislação de salário mínimo), a política econômica deve evitar a regulamentação de quantidade ou preços em mercados individuais, devido à probabilidade de efeitos perversos. Mesmo compartilhando essa opinião acerca da microeconomia, Keynes e os keynesianos defenderam uma política *macroeconômica* intervencionista, com base em que a economia, como um todo, pode chegar a um indesejável equilíbrio em um ponto onde haja um desemprego substancial, acompanhado de uma capacidade excedente de maquinário e de outros fatores de produção.

Essa doutrina chegou a dominar a cena intelectual e política nas primeiras décadas de alto crescimento do pós-guerra, mas começou a ser contestada nos anos 1970, por ocasião da perturbadora experiência da inflação ascendente, acompanhada pela estagnação econômica e pelo desemprego relativamente alto. As contradoutrinas que tiveram mais sucesso na profissão econômica são conhecidas como "monetarismo" e "economia neoclássica" ou "expectativas racionais". Do nosso ponto de vista, o fato interessante sobre esses ataques às políticas e ao sistema keynesiano é que eles foram formulados de acordo com o modelo da *futilidade* e não com o da perversidade. Em outras palavras, os novos críticos não alegavam que as políticas fiscais ou monetárias keynesianas iriam *aprofundar* a recessão ou *aumentar* o desemprego; em vez disso, mostraram que as políticas keynesianas ativistas levariam, especialmente se recebessem ampla difusão antecipada, a expectativas e subsequentes comportamentos por parte dos agentes econômicos que *anulariam* as políticas oficiais, tornando-as inoperantes, ociosas — fúteis. Mais uma vez, esse tipo de argumentação é aparentemente menos extremo, mas no final acaba sendo muito mais exasperante.*

Uma distinção semelhante entre as teses da futilidade e da perversidade está relacionada com o grau de eficácia (ou impotência) da ação humana. À primeira vista, mais uma vez a alegação de perversidade parece ser mais forte que a de futilidade: quando uma ação dirigida a uma meta específica é ativamente contraproducente, o resultado é mais nocivo que se fosse apenas ineficaz. Isso é verdade, mas, do ponto de vista da avaliação das probabilidades de êxito da ação humana proposital, a tese da futilidade é mais devastadora. Um mundo dominado pelo efeito perverso

---

* Para ilustrar: em uma entrevista na qual discute a teoria das expectativas racionais, Franco Modigliani usa repetidas vezes termos do tipo "absurdo", "ofensivo", "disparate"; para alguém que costuma ser contido e polido ao extremo, esta é sem dúvida uma linguagem forte. Ver Arjo Klamer, *Conversations with economists* (Totowa, New Jersey, Rowman & Allanheld, 1983), pp. 123-4.

permanece acessível à intervenção dos homens ou da sociedade. Caso se revele que a desvalorização da moeda deteriora a balança de pagamentos em vez de melhorá-la, por que não experimentar a valorização da taxa de câmbio? De igual maneira, se se descobre que o uso de cintos de segurança e os limites de velocidade aumentam realmente o número de acidentes, é concebível que as coisas possam ser levadas na direção certa, proibindo-se os cintos de segurança e obrigando-se os motoristas a dirigir em velocidades mínimas, em vez de máximas. Em contraste, na medida em que o argumento da futilidade seja válido, não há nenhuma esperança de que algum direcionamento ou intervenção tenha êxito ou eficácia, para não falar de intervenções de "sintonia fina". As políticas econômicas ou sociais aparecem como destituídas de qualquer controle sobre a realidade, que é regida, para o bem ou para o mal, por "leis" que, por sua própria natureza, não podem ser afetadas pela ação humana. Além disso, é provável que tais ações sejam custosas, e por constituir um exercício de futilidade serão com certeza desmoralizantes. Só há uma conclusão a extrair: no que diz respeito às políticas corretivas, recomenda-se a mais alta contenção, e, sempre que o argumento da futilidade seja válido, as autoridades fariam bem em *atar as próprias mãos*, talvez mediante regras constitucionais, para poder resistir ao impulso vão e nocivo de "fazer alguma coisa".

Finalmente, os advogados das teses da futilidade e da perversidade têm modos bastante diferentes de lidar com seus antagonistas. Os analistas que encontram um efeito perverso costumam ficar tão tomados por sua descoberta, e tão desejosos de reivindicá-la como uma visão original e como um evento *não previsto e não desejado por nenhuma pessoa*, que se tornam propensos a considerar os planejadores cujas ações levaram a essas inconvenientes consequências inocentes pelos desastres que causaram, e, portanto, como *bem-intencionados* frustrados. Para transmitir essa ideia, eles usam o termo "bem-intencionado" com largueza e condescendência. Os que começaram a cadeia de eventos que levou ao resultado perverso são retratados como ridícula ou talvez culposamente carentes de um entendimento elementar das interações complexas das forças econômicas e sociais. Mas pelo menos sua boa-fé não é posta em dúvida — ao contrário, funciona como a contrapartida necessária à sua incurável ingenuidade, cuja revelação é tarefa dos cientistas sociais iluminados.

Com a tese da futilidade há uma considerável mudança. Também aqui é típico mostrar que as políticas que pretendem dar poder aos que não o têm (mediante eleições democráticas), ou melhorar a vida dos pobres (mediante as disposições do Welfare State), não fazem nada disso e, ao invés, mantêm e consolidam a distribuição de poder e riqueza existente. Porém, na medida em que os que são responsáveis pelas políticas estão situados justamente entre os beneficiários, surge a suspeita de que eles não são de modo algum assim tão inocentes ou bem-intencionados. A boa-fé deles é questionada, e sugere-se que a justiça social e outras metas semelhantes que servem de justificativa às políticas implementadas não passam de cortinas de fumaça que ocultam motivos mais egoístas. Daí os títulos do tipo *Welfare for the well-to-do*, e os aforismos como os do barão de Lampedusa, citados no início deste capítulo. Longe de ser ingênuos e cheios de ilusões, de repente os planejadores são vistos como maquinadores astutos e hipócritas perniciosos.

Contudo a situação não é tão clara quanto descrevi. A alegação do efeito perverso, por muito tempo associada com a visão dos planejadores intervencionistas como enganados mas "bem-intencionados", foi nos últimos tempos contaminada pelo juízo oposto, que os vê como movidos pela "busca de renda", ou seja, pelo desejo de espoliar (tal como diria Pareto) seus concidadãos, mediante a criação de posições monopólicas que se prestam à extração de benefícios monetários ou outros.³⁸ Inversamente, os promotores do argumento da futilidade, que "desmascaram" os reformadores como de fato motivados por engenhosos interesses particulares, com frequência continuam a censurá-los por sua enorme ingenuidade, mesmo que "bem-intencionada".

O problema com a futilidade

Sejam os advogados das políticas e programas "progressistas" ingênuos ou egoistamente astutos, a tese da futilidade prospera "desmascarando", "expondo", demonstrando a incoerência entre os propósitos proclamados (o estabelecimento de instituições democráticas ou de programas redistributivos de assistência) e a prática real (continuação do domínio oligárquico ou pobreza em massa). O problema do argumento é que a futilidade é proclamada cedo demais. Agarra-se ao primeiro indício de que um programa não funciona do modo anunciado ou pretendido, que está sendo bloqueado ou desviado por interesses e estruturas existentes, e apressa-se em emitir um juízo, sem levar em conta o aprendizado social ou o planejamento acumulativo e corretivo. Ao contrário do cientista social admiravelmente reflexivo, esse argumento toma as sociedades e seus planejadores como completamente incapazes de dedicar-se à autoavaliação; presume também que sejam capazes de uma infinita tolerância para com o que se costuma chamar de hipocrisia, isto é, a incoerência entre os valores proclamados e a prática real.

A principal acusação contra a tese da futilidade, portanto, parece ser que ela não considera a si mesma e a *seus próprios efeitos sobre os acontecimentos* com suficiente seriedade. A história que ela conta acerca do abismo cada vez mais profundo entre as metas proclamadas e os desfechos sociais reais não pode deter-se nisso. À medida que essa história vai sendo absorvida pelos ouvintes, cria-se uma tensão e ativa-se uma dinâmica que *ou é autorrealizatória ou autorrefutatória*. É autorrealizatória na medida em que as asseverações sobre a falta de sentido das mudanças e reformas pretendidas enfraquecem a resistência contra sua ulterior emasculação e até provocam o seu abandono puro e simples — nesse sentido, pode-se dizer que Mosca e Pareto contribuíram para a ascensão do fascismo na Itália, precipitando no ridículo e no descrédito as nascentes instituições democráticas do país. Ou, então, é autorrefutatória quando a própria tensão estabelecida pela alegação de futilidade cria as condições para novos esforços, mais determinados e bem informados, para alcançar uma mudança real. Com isso, a tese da futilidade sofre uma notável transformação: torna-se extraordinariamente ativista quando sua posição inicial é a de um observador frio e zombeteiro das tolices e da autoilusão humanas. E, seja qual for a verdade descoberta pela tese, ela acaba sendo efêmera, justamente quando se tinha tanta certeza de que os pronunciamentos estavam baseados em "leis" imutáveis do mundo social.

Devido à sua atitude desdenhosa e desmascaradora para com a mudança e o progresso "intencionais", a tese da futilidade pertence sem sombra de dúvida ao campo conservador. Trata-se, com efeito, de uma das armas mais importantes do arsenal reacionário. Contudo, como possivelmente já se notou, ela possui grande afinidade com argumentos que vêm da outra ponta do espectro político. A conjunção de argumentos radicais e reacionários é uma característica especial da tese da futilidade.

Enquanto o argumento do efeito perverso considera com extrema seriedade as medidas sociais, econômicas e políticas que afirma serem contraproducentes, a tese da futilidade ridiculariza tais tentativas de mudança como ineptas, se não pior. Mostra-se que a ordem social existente é hábil na sua própria reprodução;

no processo, ela derrota ou coopta muitas tentativas de introduzir mudanças ou progresso. É neste ponto que o argumento demonstra ter uma notável semelhança com o raciocínio radical. Este último, com frequência, censura os progressistas ou reformistas por ignorarem estruturas "básicas" do sistema social, e por nutrirem e propagarem ilusões sobre a possibilidade de introduzir, sem mudança prévia "fundamental" dessas estruturas, esta ou aquela melhoria "parcial", tais como métodos mais democráticos de governo, ou educação primária universal, ou certos programas governamentais de assistência social. Se tais medidas são de fato transformadas em lei, o próximo passo é alegar que o padrão anterior de dominação não mudou realmente, mas apenas ficou mais difícil destrinchar seu intrincado funcionamento, a despeito ou talvez *por causa* das mudanças. Neste ponto usam-se generosamente metáforas como "máscara", "véu" e "disfarce", e os analistas sociais radicais, do mesmo modo que seus equivalentes conservadores, prestam diligentemente o serviço de arrancar a máscara, levantar o véu e fazer-nos ver por trás do disfarce.

Parece que nunca ocorre a esses críticos que a tensão entre as metas anunciadas de um programa social e sua real efetividade é algo de bem mais complexo que aquilo que é transmitido pelo contraste entre máscara e realidade. A relação implícita nessa metáfora cansada pode às vezes mudar radicalmente, de acordo com a dialética que alguns desses críticos dizem admirar: a chamada máscara pode arranjar um meio de subverter a realidade, ao invés de escondê-la e preservá-la. Tal como já disse em outra ocasião, neste caso a metáfora mais apropriada, sugerida pela primeira vez por Leszek Kolakowski, é a da túnica de Nesso, da Antiguidade, que queima aquele que a veste.[39] Com efeito, por meio de suas denúncias do fosso existente entre as metas anunciadas de uma política e a realidade, nossos críticos conservadores ou radicais estão afanosamente tecendo justamente essa vestimenta. No conjunto, porém, talvez seja melhor que eles não se apercebam desse papel; se não fosse por ele, sua mania de encontrar defeitos poderia perder sua capacidade de suscitar ação.

Mas de vez em quando seria bom vê-los um pouco menos desenganados e amargos, com talvez umas gotas da ingenuidade que tanto denunciam, um pouco de abertura para o inesperado, o possível...

4. A tese da ameaça

Os argumentos do efeito perverso e da tese da futilidade operam em linhas bastante diferentes, mas têm algo em comum: ambos são notavelmente simples e explícitos — e nisso, é claro, reside grande parte de seu apelo. Em ambos os casos, mostra-se que ações empreendidas para alcançar um propósito determinado fracassam miseravelmente em seu intento: ou não ocorre mudança alguma, ou a ação tem resultados opostos aos desejados. É realmente surpreendente que eu tenha podido dar conta de uma larga e importante porção dos argumentos reacionários com essas duas categorias extremas. Isso porque existe uma terceira forma mais afim ao senso comum e mais moderada de argumentar contra uma mudança que, devido à tendência predominante na opinião pública, ninguém se atreve a atacar de frente (este, já afirmei, é um traço marcante da retórica "reacionária"). Essa terceira forma assevera que a mudança proposta, ainda que talvez desejável em si, acarreta custos ou consequências inaceitáveis de um ou outro tipo.

Há diversas maneiras genéricas de argumentar nesse sentido. Algumas delas foram habilmente parodiadas, no início deste século, por F. M. Cornford, famoso estudioso clássico da Cambridge University, em uma brochura intitulada *Microcosmographia academica*.*

Apresentando seu ensaio como um "guia para o jovem político acadêmico", Cornford pretendia oferecer conselhos sobre a melhor maneira de fazer amigos e influenciar as pessoas *opondo--se* a qualquer mudança nos procedimentos acadêmicos, fazendo de conta, ao mesmo tempo, estar de acordo "em princípio" com os reformadores. Para tanto, distinguiu entre dois "argumentos políticos" principais: o princípio gerador de expectativas e o princípio do precedente perigoso. Estas são suas extravagantes definições:

> O *princípio gerador de expectativas* diz que não se deve agir com justiça agora por medo de suscitar expectativas de que se possa agir com

---

* Publicada pela primeira vez em 1908, a brochura alcançou uma considerável notoriedade nos círculos universitários ingleses, e foi reimpressa várias vezes. Ao conferenciar em diferentes cenários acadêmicos sobre partes deste livro, recebi invariavelmente referências de Cornford por membros da audiência com formação de Oxbridge. Sou grato a essas pessoas, em especial a John Elliot, que me emprestou o seu exemplar da segunda edição (Cambridge, Bowes & Bowes, 1922). Cornford parece ser o único, dentre os analistas do conservadorismo, a partilhar do meu interesse pela *retórica* da oposição à reforma, mais que pela filosofia ou *Weltanschauung* subjacente. Divirjo dele por estar convencido de que o tema merece mais que um tratamento meramente jocoso.

Uma tentativa anterior e mais difusa de catalogar os argumentos contra a mudança ou reforma pode ser encontrada em *Handbook of political phallacies*, de Jeremy Bentham, publicado pela primeira vez em uma tradução francesa de 1816, depois em inglês, em 1824 e de novo em 1952, editado por H. A. Larrabee (Baltimore, John Hopkins Press). Bentham, contudo, estava mais interessado em refutar certos argumentos que coletara ao longo dos anos que em examinar suas propriedades formais.

justiça ainda maior no futuro — expectativas que se teme não ter a coragem de satisfazer... O *princípio do precedente perigoso* diz que não se deve empreender agora uma ação reconhecidamente correta por medo de não se ter a coragem de fazer o que é certo em algum caso futuro, o qual, *ex hypothesi*, é essencialmente diferente, mas na superfície se parece ao atual. [pp. 30-1]*

Na verdade, os dois princípios estão intimamente relacionados. Os que argumentam nesse sentido não afirmam que a reforma proposta é em si errada; em vez disso, alegam que ela conduzirá a uma sequência de eventos tal que seria perigosamente imprudente, ou apenas indesejável, tomar o rumo (intrinsecamente justo ou correto) proposto. O que Cornford chama de princípio gerador de expectativas talvez seja mais conhecido hoje em dia como "o primeiro passo", e está implícito em várias metáforas correlatas: uma medida proposta é apenas "um aperitivo", ou "a ponta do iceberg". A abundância de metáforas atesta a popularidade de um argumento contra uma ação que, apesar de inquestionável, pode ter consequências desafortunadas.

Por mais perspicazes que sejam as categorias de Cornford, seguirei aqui uma linha de argumentação diferente, baseada na estrutura do material histórico com que estou lidando. Como sabemos, T. H. Marshall usou esse mesmo material para contar uma história edificante da progressiva expansão dos direitos de cidadania ao longo dos últimos dois ou três séculos, da dimensão civil à política e, com o tempo, à socioeconômica. No entanto esse relato do progresso gradual e acumulativo é praticamente

---

* Cornford menciona de passagem outro motivo comum para fazer oposição a propostas de reforma: a reforma, ainda que intrinsecamente correta ou justa, não deve ser adotada porque "o momento ainda não está maduro". Esse argumento é simpaticamente rotulado de Princípio do Momento Imaturo (p. 32).

um convite ao ataque e à subversão, com base no argumento de que a passagem de um estágio a outro pode ser qualquer coisa, menos fácil. Com efeito, já se alegou muitas vezes que o progresso nas sociedades humanas é tão problemático que qualquer novo "passo à frente" proposto causará sérios danos a uma ou várias realizações *anteriores*.

Trata-se de um poderoso argumento contra qualquer *nova* reforma. Quando uma proposta é reconhecida como desejável em si, há em geral uma grande dificuldade em atacá-la de maneira convincente, arguindo que seus custos ou consequências infelizes são excessivos em relação aos seus benefícios. Tal afirmativa implica uma comparação altamente subjetiva entre custos e benefícios heterogêneos. No entanto, se for possível demonstrar que duas reformas são de algum modo mutuamente excludentes, de maneira que a mais antiga é posta em perigo pela mais recente, introduzir-se-á no argumento um novo elemento de comparabilidade, e a avaliação pode prosseguir em termos de "moedas de progresso" vagamente comuns: tem sentido sacrificar o progresso antigo pelo novo? Além disso, com esse tipo de argumentação, o reacionário veste-se mais uma vez com a roupagem do progressista e argumenta como se tanto o progresso antigo quanto o novo fossem desejáveis, e então, de modo típico, mostra de que maneira uma nova reforma, se levada a cabo, poria em *perigo* mortal outra mais antiga e muito apreciada, que poderia ter sido posta em prática recentemente. As conquistas e realizações mais antigas, alcançadas a duras penas, não podem ser tomadas como certas, e seriam ameaçadas pela nova reforma. Esse tipo de argumentação será chamado de *tese da ameaça*; ele implica um argumento mais complexo e historicamente fundado que os outros dois.

De acordo com o esquema tripartite marshalliano, as dimensões civil, política e socioeconômica da cidadania foram instauradas de modo *sequencial* ao longo dos últimos três séculos. Se essa concepção apreende a realidade histórica, ela gera simultaneamente a expectativa de que vários tipos de tese da ameaça surjam em meio a essa sequência ordenada de investidas progressistas. Por exemplo, uma excelente oportunidade para argumentar na linha da tese da ameaça surgiu durante o século XIX, quando foi proposta a expansão do sufrágio e dos métodos democráticos de governo, em países onde os direitos e liberdades civis já estavam firmemente estabelecidos. Era de esperar, então, que os oponentes do sufrágio conjurassem a perspectiva de que tais direitos e liberdades seriam perdidos em virtude do proposto avanço da democracia. Em seguida, quando foram introduzidas a seguridade social e a legislação de assistência social correspondente, os oponentes dessas medidas puderam exibir um argumento de cano duplo. Alguns alegarão que é provável que o Welfare State ponha em perigo avanços anteriores no domínio dos direitos individuais (a primeira dimensão da cidadania segundo Marshall). Haverá também tentativas de mostrar que o Welfare State é uma ameaça aos métodos democráticos de governo (a segunda dimensão de Marshall). Com grande frequência, os dois argumentos serão combinados.

O esquema de Marshall, desse modo, admite diretamente dois tipos diferentes de possíveis argumentos de ameaça:

1. A democracia ameaça a liberdade.
2. O Welfare State ameaça tanto a liberdade quanto a democracia.

Ambas as alegações foram realmente feitas, e nesse sentido a validade e a utilidade históricas do esquema de Marshall se confirmam. No entanto, como era de esperar, certos países revelam-se territórios privilegiados para a aparição das várias teses. Isso porque o esquema sequencial marshalliano foi concebido em termos da história inglesa, e é, portanto, menos aplicável a países em que o progresso dos direitos civis foi menos regular, sequencial ou "ordenado". Mas as variações do argumento da ameaça resultantes disso serão por si só instrutivas.

Do mesmo modo, em outros aspectos nossa investigação não apenas confirmará a continuada utilidade do esquema de Marshall como também levará adiante o questionamento dos seus simplismos. Marshall omitiu qualquer menção às poderosas "ondas" reacionárias que avançaram, uma após a outra, bloqueando e até revertendo cada uma das sucessivas ampliações do conceito de cidadania; ignorou também a possibilidade de que tais ampliações pudessem ser de diversas maneiras mutuamente conflitivas. O processo histórico que ele visualizou era puramente somatório — um aspecto ou dimensão da cidadania e do progresso teria entrado em vigor após o outro, sem causar nenhum problema de coabitação com o(s) anterior(es). Na medida em que o discurso reacionário em torno da tese da ameaça revela de fato alguns problemas reais desse tipo, nosso estudo servirá como uma correção ao otimismo de Marshall, e chamará a atenção para os dilemas e conflitos que são ou podem ter sido bem reais.

A DEMOCRACIA COMO AMEAÇA À LIBERDADE

Não chega a ser novidade questionar a compatibilidade da democratização, isto é, dos avanços da participação política por intermédio do sufrágio universal, com a manutenção das liberdades individuais, os famosos "direitos naturais à vida, à liberdade e à propriedade" do século XVIII. A distinção feita por T. H. Marshall entre os aspectos civil e político da cidadania tem afinidade com várias outras dicotomias que, ao contrário da de Marshall, são há muito vistas em termos antagônicos. Em primeiro lugar, há a distinção entre liberdade e igualdade, que se parece muito ao par marshalliano, caso se entenda (o que ocorre com frequência) a liberdade como a garantia a cada cidadão dos seus "direitos naturais" e caso se considere que a igualdade se realiza através da instituição do sufrágio universal. Apesar da concepção de igualdade ser bastante limitada, seu potencial para entrar em conflito com a liberdade dos liberais é considerável, e tal potencial aumenta se for ampliado o significado de igualdade. Desde que a Revolução Francesa prometeu realizar tanto a liberdade quanto a igualdade, e mais ainda desde que a questão da compatibilidade foi vigorosamente exposta por Tocqueville em seu *Democracia na América*, as múltiplas tensões entre as duas aspirações foram examinadas em todos os seus detalhes.

Em segundo lugar, o próprio conceito de liberdade revelou ser tão rico (e ambíguo), que já se demonstrou que pode abrigar sentidos diferentes e antagônicos. Um exemplo famoso é a aula magna dada por Isaiah Berlin em 1958 em Oxford, "Dois conceitos de liberdade", em que ele opõe a liberdade "negativa" à "positiva".[1] A liberdade negativa foi então definida como a possibilidade de o indivíduo "estar livre de" certas interferências de outros indivíduos ou das autoridades; enquanto a liberdade positiva foi descrita como a liberdade de *ser* "livre para" exercer a virtude republicana tradicional, participando dos assuntos públicos e da vida política da comunidade. Mais uma vez, há uma clara sobreposição das concepções de Marshall e Berlin: a dimensão civil da cidadania tem muito em comum com a liberdade negativa, bem como a dimensão política com a liberdade positiva. As inter-relações e possíveis conflitos entre a liberdade positiva e a negativa deram origem a uma animada discussão entre os filósofos políticos.[2]

Outra distinção famosa no interior do conceito de liberdade é a distinção entre a liberdade dos antigos e a liberdade dos modernos que foi esboçada muito antes (1819) por Benjamin Constant.³ De acordo com ele, a liberdade dos antigos era a intensa participação dos cidadãos da polis grega nos assuntos públicos, e a liberdade dos modernos era, ao contrário, o direito dos cidadãos a um amplo espaço privado onde pudessem praticar suas religiões e desenvolver seus pensamentos, atividades e negócios comerciais. De novo, a semelhança com as dimensões civil e política da cidadania tal como definidas por Marshall é óbvia. Em considerável medida, contudo, Constant via seus dois tipos de liberdade como mutuamente excludentes: só assim ele pôde criticar Rousseau (e os revolucionários jacobinos influenciados pelo pensamento deste) por tomar a liberdade dos antigos como paradigma e por perseguir, portanto, objetivos anacrônicos e utópicos, com consequências desastrosas.

Este breve estudo das dicotomias ligadas à distinção marshalliana entre os componentes civil e político da cidadania transmite algo da riqueza e da complexidade do tema que estamos prestes a abordar. É também uma promessa de colheita abundante para a tese da ameaça.

Em virtude da vastidão do tema, vou limitar-me a umas poucas ocasiões importantes em que o argumento da ameaça surgiu *em um contexto histórico específico*. Em outras palavras, em vez de abordar a grande discussão em torno dos méritos comparativos e das perspectivas da coexistência entre a democracia e a liberdade, tentarei mostrar como os movimentos em direção a métodos democráticos de governo foram objeto de oposição, alertas e lamentos, baseados no argumento de que tais métodos poriam em perigo a "liberdade" em suas várias formas.

O caso exemplar do uso pleno da tese da ameaça será a Inglaterra no século XIX. No final das Guerras Napoleônicas, este era um país com longa tradição de liberdades conquistadas uma após a outra e consolidadas ao longo dos séculos — Carta Magna, habeas--corpus, Carta dos Direitos, direito de petição, liberdade de imprensa e assim por diante; ao mesmo tempo, o país tinha uma tradição igualmente forte de governo da nobreza, e pela nobreza. Então, nas décadas de 1830 e de 1860, o Parlamento, a opinião pública e às vezes até as ruas foram palco de longas e ferozes batalhas pela ampliação do direito de voto, que resultaram nos dois grandes Reform Acts de 1832 e 1867. Como tais batalhas ocorreram tendo como pano de fundo liberdades havia muito estabelecidas e altamente apreciadas, a tese da ameaça tornou-se o principal argumento usado pelos oponentes da reforma, nas duas ocasiões.

Inglaterra: os grandes Reform Bills de 1832 e 1867

O Reform Bill de 1832 propunha a ampliação do direito de voto para todos os chefes de família do sexo masculino que vivessem em prédios urbanos (*borough*) taxados anualmente em dez libras esterlinas ou mais. Esta e outras provisões excluíam ainda bem mais de 90% da população masculina adulta, mas admitia-se pela primeira vez o direito de voto para as classes altas industriais, comerciais e profissionais. O novo padrão monetário introduzia também um critério universalista, que superava o sistema tradicional, baseado na família, nos clãs e em usos antigos, muitas vezes altamente caprichosos.

O traço notável da aprovação definitiva do Reform Bill foi que os liberais aristocráticos (Whigs) e seus aliados, que o defenderam, eram tão hostis a qualquer ampliação *adicional* do direito de voto para as "massas" quanto os recalcitrantes conservadores (Tories), que se opunham a ele. Ambos os grupos tinham horror a essa perspectiva: ela implicava "democracia", termo amplamente usado como bicho-papão, em lugar de "sufrágio universal", que soava mais progressista. Em sua clássica monografia sobre o Reform Bill de 1832, J. R. M. Butler observou em 1914:

A palavra democracia ocupava em 1831 a posição que hoje pertence à palavra socialismo, com conexões parecidas. Entendia-se que ela significava algo vagamente terrível que poderia "chegar" e que "chegaria" se as classes respeitáveis não se unissem... algo cataclísmico que a tudo afetaria. Se a democracia chegasse, rei e lordes desapareceriam, e antigos marcos divisórios de todo tipo seriam varridos.[4]

O uso generalizado de um argumento de ameaça desse tipo foi facilitado pelo "culto da Constituição britânica", surgido na Inglaterra no século XVIII.[5] Com os distúrbios revolucionários na vizinha França e os poderosos escritos de Edmund Burke, esse culto foi consideravelmente reforçado. Um de seus principais elementos constituía-se na celebração do delicado equilíbrio supostamente alcançado pela Inglaterra ao misturar elementos de realeza, aristocracia e democracia. Os oponentes do Reform Bill afirmavam que a ampliação do direito de voto destruiria esse equilíbrio. De modo mais geral, argumentava-se que, precisamente porque a "Constituição" não fora criada pelo intelecto humano, os homens não poderiam questioná-la nem modificá-la sem que fosse provável que os privilégios da liberdade de que apenas o povo inglês desfrutava definhassem e desaparecessem. Muitos panfletos anti--Reforma colocavam a questão nesses termos autocongratulatórios. Um deles, por exemplo, cita trechos de um discurso do eloquente liberal George Canning (pronunciado, provavelmente, em outra ocasião, pois ele morreu em 1827):

> Sejamos sensatos a respeito das vantagens que temos a felicidade de desfrutar. Guardemos com pia gratidão a chama da genuína liberdade, esse fogo dos céus, da qual nossa Constituição é a sagrada depositária; e, pela possibilidade de torná-la mais radiante, não maculemos a sua pureza, nem arrisquemos sua extinção.[6]

Posto que os Whigs e outros partidários do Reform Bill na Câmara dos Comuns compartilhavam essa mesma preocupação, bem como a aversão generalizada das "classes educadas" por qualquer ampliação substancial do direito de voto, a única maneira pela qual podiam justificar o projeto era afirmando e convencendo-se de que as restrições impostas ao sufrágio seriam uma característica *permanente* da ordem constitucional. Nos últimos estágios do debate na Câmara dos Comuns, lord John Russell fez "uma declaração que logo ficou famosa, afirmando que os ministros consideravam o projeto como uma medida 'final'".[7] Poucos anos mais tarde, um observador contemporâneo (Francis Place) comentou, sarcástico:

> Lord Grey e seus colegas [...] de algum modo inconcebível persuadiram-se de que a reforma da Câmara dos Comuns poderia ser, tal como eles diziam, uma "medida final".[8]

É possível que a estranha autoilusão a que se submeteram os partidários do projeto deva algo ao critério monetário específico para o direito de voto a que se aferraram. A cifra-chave de dez libras esterlinas para chefes de família burgueses tinha a espécie de "proeminência ou conspicuidade", entre outras cifras possíveis, que tornava concebível estabelecer nela o limite contra futuros avanços da "democracia".[9] Não seria possível que, com o tempo, essa cifra adquirisse a autoridade investida a outros elementos da santificada Constituição inglesa?

É claro que não seria assim. Trinta e cinco anos depois, em 1867, após meses de agudos debates e de alguns realinhamentos desconcertantes, a Câmara dos Comuns aprovou um Second Reform Act, que se transformou na medida decisiva para abrir as portas para a temida "democracia". O ato estendeu o direito de voto masculino para as classes médias e até para setores da classe trabalhadora, ao garantir o direito de voto a todos os chefes de família que residissem na cidade por um ano ou mais. Foram mantidas restrições monetárias significativas para os inquilinos e para os que morassem nos distritos rurais, e Disraeli ainda argumentou na ocasião que o projeto seria "um bastião contra a democracia".[10] No entanto ele e seus aliados não chegaram ao ponto de afirmar, desta vez, que as restrições restantes ao sufrágio universal eram algo "final"; ao contrário, o conservador lord Derby, em seu famoso discurso logo antes da votação decisiva, confessou francamente que, votando pela aprovação, o Parlamento e o país estavam dando "um salto no escuro".[11]

Enquanto a argumentação pró-Reforma se desenrolava desse modo, a retórica dos *oponentes* da Reforma permanecia firmemente ancorada na tese da ameaça. Com efeito, o uso dessa tese foi se tornando cada vez mais frequente à medida que a democratização ia avançando no último terço do século, pelo menos até que ficasse totalmente óbvio que a ampliação do direito de voto para os setores populares *não* era, afinal de contas, fatal para as "antigas liberdades". Na Câmara, o principal inimigo da legislação era Robert Lowe, político do Partido Liberal que servira com distinção na administração da Austrália e exercia sua influência mediante frequentes artigos de fundo no *Times*. Rompendo com a liderança whig, ele opôs-se à aprovação do Reform Act em diversos discursos muito comentados, dentre os quais o mais eloquente talvez tenha sido o que pronunciou no dia 26 de abril de 1866. O floreio final foi o seguinte:

> Expus, sir, tão bem quanto pude o que acredito serem os resultados naturais de uma medida que... é calculada... para destruir uma após outra as instituições que garantiram para a Inglaterra um tanto de felicidade e prosperidade que nenhum outro país jamais alcançou, ou tem qualquer probabilidade de alcançar. Com certeza,

a obra heroica de tantos séculos, as incomparáveis realizações de tantas cabeças sábias e mãos fortes merecem uma consumação mais nobre que a de serem sacrificadas no altar da paixão revolucionária, ou pelo entusiasmo sentimental da humanidade. Se cairmos, porém, cairemos merecidamente. Sem sermos coagidos por qualquer inimigo externo, sem sermos pressionados por qualquer calamidade interna, mas com a pletora completa da nossa riqueza e o fastio da nossa prosperidade por demais exuberante, por nossas próprias mãos apressadas e sem consideração, estamos prestes a fazer desabar sobre nossas cabeças o venerando templo da nossa liberdade e da nossa glória.[12]

Tal explosão traz à lembrança o famoso lamento de madame Roland, "Oh, liberdade! Quantos crimes se cometem em teu nome!". Para que seja um comentário apropriado ao discurso de Lowe e a tantos outros argumentos de ameaça parecidos, basta modificá-lo ligeiramente para "Oh, liberdade! Quantas reformas são obstruídas em teu nome!".

O lirismo de Lowe evocando a liberdade desastrosamente abatida em prol da ampliação do direito de voto era apropriado para um desfecho grandioso, mas no corpo do seu discurso ele forneceu raciocínios mais detalhados sobre os danos específicos que poderiam advir da legislação proposta. O argumento básico não surpreende: muitos consideravam que a extensão do direito de voto para a classe trabalhadora e para os pobres levaria com o tempo à formação de uma maioria e a um governo que expropriaria os ricos, por meios diretos ou por uma taxação espoliativa — violando assim uma liberdade básica como o direito de acumular propriedade. Lowe expõe a questão sem rodeios:

Por ser liberal [...] considero um dos maiores perigos [...] uma proposta [...] de transferir poder das mãos da propriedade e da inteligência e colocá-lo nas mãos de homens cuja vida é necessariamente ocupada pela luta diária pela existência.[13]

Em outra parte, Lowe, habilmente, invoca a considerável autoridade de Macaulay, um dos artífices e mais vigorosos defensores do Reform Bill de 1832, mas ao mesmo tempo um ferrenho opositor do sufrágio universal, com base na ideia de que ele não poderia deixar de levar à "pilhagem" dos ricos. Em uma famosa carta a um correspondente americano, Macaulay escreveu: "Estou há muito convencido de que as instituições puramente democráticas deverão, mais cedo ou mais tarde, destruir ou a liberdade, ou a civilização, ou ambas".[14] O argumento era duplo. A pilhagem dos ricos em consequência do sufrágio universal já seria, por si só, uma violação de uma liberdade básica, a de ter propriedades. Além disso, era provável que a tentativa de espoliar os ricos levasse a uma intervenção militar ou a um governo ditatorial, com a consequente morte da liberdade. Para confirmar este último tipo de sequela, Macaulay explorou ao máximo a maneira pela qual a instituição do sufrágio universal na França, após a revolução de 1848, foi seguida em pouco tempo pelo regime de Luís Napoleão, com seu "despotismo, uma tribuna silenciada, e a imprensa escravizada".[15]

Além da preocupação com os direitos de propriedade, o temor pela estabilidade das instituições parlamentares inglesas e pela manutenção das suas liberdades civis foi provavelmente uma importante objeção à reforma eleitoral e, em geral, à "democracia". O fato de temores semelhantes dos opositores ao projeto de 1832 se terem revelado infundados nas décadas que se seguiram à primeira reforma não impediu que os pensadores conservadores argumentassem que, mesmo que tudo estivesse indo bastante bem até então, desta vez a reforma traria consequências desastrosas. O historiador W. E. H. Lecky foi ainda mais longe, e concebeu na década de 1890 uma idade de ouro, demarcada pelas datas dos dois Reform Bills, na qual a Inglaterra permanecera muito pouco tempo, e depois, tolamente, abandonara: "Não me parece que o mundo já tenha visto melhor Constituição que a desfrutada pela Inglaterra entre o Reform Bill de 1832 e o Reform Bill de 1867".[16]

A hostilidade ao sufrágio baseada no perigo que este traria ao bom governo e à "liberdade" foi compartilhada, nas últimas décadas do século XIX, por outros pensadores conservadores, tais como James Fitzjames Stephen, sir Henry Maine e Herbert Spencer. As opiniões deles são repetitivas, e seria tedioso examiná-las. A maioria de seus argumentos foi articulada por Robert Lowe no calor da batalha em torno do Second Reform Bill. Produzindo numerosas variantes da tese da ameaça, Lowe argumentou que a "democracia" solapa as instituições intermediárias, ameaça a independência do Judiciário e aumenta o risco de que o país se envolva em uma guerra.[17]

Uma faceta particularmente interessante da tese da ameaça é seu emprego na arena econômica. Um dos principais adversários de Lowe na Câmara dos Comuns foi seu colega liberal John Bright, que vinte anos antes conhecera seu maior momento de triunfo com a revogação das Leis do Trigo, e, sempre reformador, estava agora na linha de frente da batalha pela ampliação do direito de voto. Durante seu discurso do dia 26 de abril, Lowe lembrou a Bright os perigos a que a conquista anterior do livre comércio estaria exposta se o direito de voto fosse estendido para as chamadas massas: "Vede o livre comércio. Se temos uma única joia no mundo, é nossa política de livre comércio. Ela tem sido tudo para nós. Com que olhos as democracias a veem?".[18] Segue-se uma descrição detalhada das políticas protecionistas adotadas em todos os países com sufrágio universal, do Canadá a Victoria e Nova Gales do Sul, na Austrália, e principalmente nos Estados Unidos, que "superprotegem a proteção".

Essa forma particular de tese da ameaça — a democracia porá em perigo o progresso econômico — foi depois muito enfatizada por sir Henry Maine em seu militantemente antidemocrático *Popular government*, de 1866:

> Que [qualquer pessoa competentemente instruída examine] em sua mente as grandes épocas de invenção científica e mudança social dos dois últimos séculos, e considere o que teria ocorrido se o sufrágio universal houvesse sido estabelecido em qualquer dessas épocas. O sufrágio universal, que hoje exclui o livre comércio dos Estados Unidos, teria certamente proibido a fiandeira de fusos múltiplos e o tear mecânico; teria com certeza proibido a debulhadora.[19]

Maine gostou tanto desse argumento que o incrementou em outro ensaio incluído no mesmo livro:

> Tudo o que tornou famosa a Inglaterra, e tudo o que tornou a Inglaterra rica, foi obra de minorias, às vezes bem pequenas. Parece-me bastante certo que se, durante quatro séculos, houvesse um direito de voto muito amplo e um corpo eleitoral muito grande neste país, não teria havido *reforma da religião, mudança de dinastia, tolerância para com a dissidência, nem mesmo um calendário preciso. A debulhadora, o tear mecânico, a fiandeira de fusos múltiplos e, possivelmente, o motor a vapor teriam sido proibidos.* Mesmo nos nossos dias, a vacinação está em grande perigo, e podemos dizer, em geral, que a ascensão gradual das massas ao poder é o mais negro augúrio para toda legislação baseada na opinião científica.[20]

É interessante notar que o mesmo argumento seria usado, dez anos mais tarde, por outro analista antidemocrático que já conhecemos, Gustave Le Bon:

Se as democracias tivessem possuído o poder que hoje têm na época em que o tear mecânico, o motor a vapor e os trens foram inventados, a realização de tais invenções teria sido impossível, ou só poderia ter ocorrido à custa de repetidas revoluções e massacres. É afortunado para o progresso da civilização que o poder das massas tenha começado a expandir-se só depois que as grandes descobertas da ciência e da indústria já haviam sido realizadas.[21]

Entre os aspectos positivos da experiência do século XIX, o progresso econômico e diversas inovações técnicas que marcaram época foram sem dúvida os mais importantes. Na segunda metade do século, o mundo e a existência cotidiana haviam sido visivelmente transformados pela ferrovia e por outros avanços. Os que procuravam argumentos eficazes contra as propostas de mudança social ou política eram tentados, portanto, a sustentar que tal mudança seria perniciosa para a continuação do progresso técnico. Era difícil argumentar, tal como no caso da "liberdade", que a "democracia" iria de fato *destruir* avanços técnicos que já estavam em uso. De modo que, depois desta, a melhor forma que o argumento da ameaça tomou foi: com o sufrágio universal *não haverá mais* progresso técnico. Tanto Maine como Le Bon expressaram essa proposição de maneira totalmente independente nas últimas duas décadas do século. Tal convergência é ainda mais significativa — no sentido de que atesta a compulsão de argumentar em certas linhas idênticas — por ser o argumento palpavelmente absurdo, como foi provado quase de imediato.

A promulgação do Reform Bill de 1867 foi uma extraordinária façanha de "disseminação de reformas" ["reformmongering"], superando, talvez, a realização mais famosa da reforma eleitoral de 1832.* Na sua biografia de Gladstone, John Morley chamou o episódio de "um dos mais curiosos da nossa história parlamentar".²² Um grande paradoxo foi o modo como a aprovação do projeto acabou sendo realizada por um governo conservador recém-empossado, sob a liderança de lord Derby e Disraeli, em vez de pelos liberais de Gladstone, que foram os primeiros a apresentar um projeto de reforma mais moderado. Se no final os conservadores acabaram assumindo a frente na reforma eleitoral, presume-se que muitos deles não davam crédito às profecias sobre as terríveis consequências de conceder o direito de voto a uma porção substancial das classes baixa e média, proclamadas, com base na tese da ameaça, por Robert Lowe e seus amigos. Na verdade, o próprio Lowe admitiu, em algumas ocasiões, que era mais provável que a maior prejudicada pela aprovação do projeto não fosse a "liberdade", e sim a maioria liberal na Câmara dos Comuns. Dirigindo-se a seus correligionários liberais em um de seus discursos, ele avisou que "muitos desses novos eleitores são partidários de opiniões conservadoras. Acredito que a ampliação do direito de voto proposta pelo governo, se passar, deslocará diversos excelentíssimos cavalheiros deste lado [liberal] e os substituirá por igual número de cavalheiros do outro lado [conservador] da Câmara".²³ Uma vez aprovada a lei, esta foi com efeito uma das explicações dadas para o papel desempenhado pelos conservadores. Tal como disse um oponente do projeto:

> O fantasma de uma Democracia conservadora era uma realidade para muitos homens de indubitável independência e vigor de espí-

---

* Introduzi o termo "disseminação de reformas" ["reformmongering"] no meu *Journeys toward progress* (Nova York, Twentieth Century Fund, 1963) para designar processos de mudança social que estão a meio caminho entre as imagens dicotômicas tradicionais de "reforma pacífica" e "revolução violenta".

rito. A vaga ideia de que quanto mais pobres são os homens, mais facilmente são influenciados pelos ricos [...] que a classe mais rústica de espírito seria mais sensível às emoções tradicionais... todos esses argumentos [...] contribuíram para formar a clara convicção da massa do partido conservador.[24]

Foi com base precisamente nesses aspectos que, mais tarde, Mosca *opôs-se* à ampliação do sufrágio universal na Itália. Ele argumentava, como vimos, que a abolição dos testes de alfabetização concederia o direito de voto principalmente às massas rurais do Sul, cujo voto seria então comprado ou ditado de qualquer outro modo pelos detentores semifeudais do poder. De maneira que, se a ampliação do direito de voto tivesse qualquer resultado, tal resultado seria o *reforço* do poder dos grupos dominantes.

É claro que, na Inglaterra da segunda metade do século XIX, as condições eram bem diferentes das prevalecentes no Mezzogiorno política e economicamente atrasado. No entanto talvez fosse exatamente porque as liberdades individuais estavam estabelecidas havia muito, enquanto a massa do povo era considerada, tal como Walter Bagehot gostava de dizer, "deferente" e "obtusa", que a realidade dos perigos conjurados por Lowe não encontrou eco. Tal como observamos no último capítulo, até os conservadores como James Fitzjames Stephen, às vezes, criticavam a ampliação do direito de voto, não tanto segundo as teses da ameaça ou da perversidade mas segundo a tese da futilidade.

Além disso, o apelo aos perigos para a liberdade feito pelos oponentes da reforma podia ser neutralizado por outros supostos perigos evocados por partidários do projeto. Aos perigos da ação é sempre possível opor os perigos da inação. Uma das formas assumidas por esse argumento tipicamente "progressista" foi afirmar que, na ausência de uma reforma, as massas recorreriam a tipos de ação que seriam muitíssimo mais perigosos para a sociedade estabelecida que o voto. Esta importante questão foi abordada com certa ênfase por Leslie Stephen, o irmão liberal de James Fitzjames. Ele defendeu o voto como um meio de dirigir as energias populares para canais relativamente inócuos, e para deslegitimar formas mais perigosas de protestos populares, tais como greves e tumultos.[25] De acordo com essa argumentação, a não aprovação do Reform Bill — e não a sua aprovação — é que seria perigosa para a lei, a ordem e a liberdade.

França e Alemanha: da ameaça à incompatibilidade

A batalha em torno do Second Reform Bill é o caso paradigmático para o pleno emprego da tese da ameaça em reação à expansão do direito de voto. Já na década de 1860, segundo amplo consenso da opinião pública, avanços substanciais em direção a uma sociedade bem-ordenada, progressista do ponto de vista econômico e razoavelmente "livre" haviam sido feitos na Inglaterra, sobretudo em comparação com outros países europeus. Portanto, era natural a preocupação de que a democratização eleitoral proposta pusesse em perigo essas realizações altamente apreciadas.

Em outros países, nessa mesma época, a situação era bem diferente, e o progresso da dimensão "civil" da cidadania de Marshall para a "política" foi muito menos ordenado. O caso da França é de particular interesse. Esse país passou por diversas revoluções, reações e mudanças de regime durante grande parte do século XIX, de modo que as liberdades individuais estavam longe de firmemente consolidadas. Em consequência, a tese da ameaça carecia de plausibilidade — é difícil argumentar que algo que não está presente pode estar sendo ameaçado.

Além disso, a introdução do sufrágio masculino universal na França não aconteceu após longo e arrastado debate, como na Inglaterra. Em vez disso, nos primeiros dias exaltados da revolução de 1848 o sufrágio substituiu, praticamente da noite para o dia, o sistema *censitaire* da monarquia de julho. A partir desse momento, o sufrágio universal nunca mais seria formalmente abolido. Ao tomar o poder em 1851, Luís Napoleão chegou mesmo a eliminar algumas importantes restrições residenciais e similares, impostas em 1850 para impedir que as camadas mais pobres votassem. Ao longo de todo o seu regime repressivo, ele organizou plebiscitos com base em um sufrágio universal sem atenuantes, assim consagrando a ideia de que o sufrágio universal então chamado "democracia" não apenas não anda de mãos dadas com a "liberdade", como pode muito bem ser antitético a ela.

Referindo-se ao fechamento de um jornal para o qual escrevia, M. Prévost-Paradol, destacado liberal da época, expressou a questão sem rodeios: "O progresso da democracia não tem nada a ver com o progresso da liberdade, e uma sociedade pode ficar cada vez mais democrática sem ter a mais remota ideia de como é um Estado livre".[26] Não é de estranhar que essa frase tenha sido citada com destaque, ainda que fora de contexto, por Robert Lowe, no prefácio à coletânea dos seus discursos anti-Reforma na Câmara dos Comuns.

Como resultado dessas circunstâncias históricas, a tese da ameaça tendeu a assumir, na França, uma forma bem radical, transformando-se na afirmação de que a democracia e a "liberdade" são francamente incompatíveis. Uma das origens dessa doutrina é provavelmente a famosa distinção de Benjamin Constant, já mencionada, entre a liberdade dos antigos — a liberdade (e obrigação) de participar dos assuntos públicos — e a liberdade dos modernos — o direito a uma ampla esfera onde a vida e os negócios particulares da pessoa possam ser levados sem nenhuma interferência nem intromissão do Estado. Enquanto o próprio Constant tinha plena consciência da necessidade de combinar essas duas liberdades, sua distinção serviu para endossar a noção de dois domínios totalmente separados da liberdade, cuja confusão (primeiro por Rousseau e depois, seguindo-lhe as pegadas, pelos jacobinos) provocou, segundo se alegava, resultados históricos desastrosos. Quase meio século depois, a separação e a incompatibilidade desses dois conceitos foram reafirmadas, sem nenhuma das sutis qualificações e reservas de Constant (e sem nenhuma referência ao seu ensaio pioneiro), pelo historiador conservador Fustel de Coulanges, em seu influente trabalho *La cité antique* [A cidade antiga], publicado em 1864. Em uma obra erudita e sob muitos aspectos pioneira na reinterpretação da religião e das instituições dos romanos e dos gregos, logo no início Fustel deixa claro que escreveu o livro com o propósito expresso de apresentar a sociedade antiga em geral, e a liberdade antiga em particular, como algo totalmente estranho ao entendimento e à sensibilidade dos modernos:

> Tentaremos trazer à luz as diferenças radicais e essenciais que separam esses povos antigos das sociedades modernas [...] posto que os erros a esse respeito não deixam de ser perigosos. As ideias que os modernos formaram acerca da Grécia e de Roma com frequência os enganaram. Por não ter observado bem as instituições da cidade antiga, tentaram revivê-las em suas próprias sociedades. Iludiram-se sobre a liberdade dos antigos, e *essa é a razão pela qual a liberdade entre os modernos foi ameaçada* [*mise en péril*]. Os últimos oitenta anos da história do nosso país mostraram claramente que uma das grandes dificuldades que se opõem ao progresso da sociedade moderna é o seu hábito de sempre ter diante dos olhos a Antiguidade grega e romana.[27]

Ao contrário de Constant, Fustel já não admite que os antigos tenham desenvolvido e praticado qualquer variedade importante de liberdade. Em um capítulo posterior, ele fala com desprezo das realizações da democracia ateniense:

Ter direitos políticos, votar, nomear magistrados, ter o privilégio de ser arconte, eis o que era chamado de liberdade; mas nem por isso o homem era menos escravo do Estado.²⁸

Equiparando a "verdadeira liberdade" à "liberdade individual", Fustel sustentava que a liberdade não existia entre os antigos — que eles "não haviam sequer concebido a ideia" de tal conceito.

Os antigos não conheciam a liberdade da vida particular, nem a liberdade de educação, nem a liberdade religiosa. A pessoa comum contava muito pouco, comparada à autoridade sagrada e quase divina chamada pátria ou Estado... Nada garantia a vida de um homem quando estava em jogo o interesse da cidade. A Antiguidade formulou a desastrosa máxima segundo a qual o bem do Estado é a lei suprema.²⁹

O argumento aberto de Fustel, em suma, era de que a afamada democracia da Antiguidade acarretava total falta de liberdade, no sentido moderno do termo. Pensar de outro modo era "o mais singular de todos os erros humanos". A lição implícita da história seguia de perto a tese da ameaça: imitem a Cidade-Estado grega, introduzam métodos democráticos de governo, e perderão a liberdade que conquistaram a tantas penas. É claro que tal posição ia muito além do que Constant jamais imaginara.

A ideia de que a democracia é incompatível com a manutenção das liberdades individuais perdeu a credibilidade na Inglaterra quando ficou evidente, após a aprovação do Second Reform Act, em 1867, que a participação das massas nas eleições populares não causava nenhum dano observável ao bem estabelecido sistema de liberdades civis do país. Mas e os outros países? Neles talvez fosse possível resgatar a ideia, sobretudo se o argumento da ameaça fosse colocado em termos mais gerais, tais como: a democracia é incompatível com *alguma* herança do passado como, por exemplo, uma característica nacional muito apreciada. Ideias desse tipo podem de fato ser concebidas com base nos escritos de vários observadores, tanto ingleses como estrangeiros. Seu ponto de partida é a preocupação com o que seria hoje chamado de personalidade básica da democracia. Será que existe algum tipo de personalidade humana que torna o governo democrático possível, e outro que o exclui, de maneira que fosse preciso *renunciar* a certos traços de caráter em prol da democracia? Ou, como países diferentes têm diferentes "caracteres nacionais", existe algum país cujos cidadãos tenham menos aptidão para a democracia, ao mesmo tempo que talvez sejam mais dotados, digamos, no domínio artístico? As especulações desse tipo tornaram-se particularmente atraentes quando, depois da Reforma, e mais ainda depois da Revolução Francesa, os caminhos políticos e as experiências de dois importantes países europeus, como a França e a Inglaterra, afastaram-se de maneira substancial e, aparentemente, duradoura.[30] Foram feitos esforços para explicar essas diferenças, recorrendo aos caracteres contrastantes de ingleses e franceses. Burke dedicou-se a esse gênero quando escreveu brilhantemente, em 1791, em uma carta a um correspondente francês:

> A sociedade não pode existir, a menos que um poder controlador sobre a vontade e os apetites esteja situado em alguma parte, e quanto menos houver dele dentro, mais será preciso fora. Está ordenado na eterna constituição das coisas que os homens de espírito intemperado não podem ser livres. Suas paixões forjam seus grilhões.
> A maior parte de nossos conterrâneos executam essa sentença sobre si próprios.[31]

Burke avança uma teoria cultural-racial-climática que atribui a falta endêmica de liberdade na França ao caráter ardente dos seus cidadãos. Nas *Reflections* ele acentuara, correspondentemente, certos traços pitorescos dos ingleses: "nossa obstinada resistência à inovação" e "a fria indolência do nosso caráter nacional", além do fato de que "ao invés de nos desfazer de nossos preconceitos nós os nutrimos por serem preconceitos".³²

Para Burke, esses vários traços (essencialmente a famosa "fleuma" inglesa) são ingredientes básicos da vida política civilizada de seu país, bem como suas estimáveis fraquezas. No entanto basta um pequeno deslocamento da percepção para vê-los como uma desvantagem, ou melhor, como um preço a ser pago pela manutenção de uma sociedade livre. Esse passo quase foi dado por Walter Bagehot, que, cerca de sessenta anos depois de Burke, comparou os sistemas políticos e os caracteres inglês e francês mais uma vez, agora por ocasião de outra "convulsão" no país vizinho, a sequência da Revolução de Fevereiro — os massacres de junho e o golpe de Estado de 1848-51. A análise de Bagehot da diferença entre os ingleses e os franceses é parecida com a de Burke, com a diferença de que, por meio das suas formulações paradoxais, ele faz com que seus ingleses pareçam menos atraentes que os de Burke. Desse modo, ele fala de "muita estupidez" como "o que concebo como a qualidade mental mais essencial para um povo livre", e proclama, quase parafraseando Burke, que "as nações, como os indivíduos, podem ser astutas demais para ser práticas, e não obtusas o bastante para serem livres".³³

Um comentarista recente notou, divertido, que algumas das passagens mais ultrajantes de Bagehot, tais como as que acabam de ser citadas, "deveriam vir com um asterisco com a observação *pas devant les domestiques* [não na frente dos criados]".³⁴ Na verdade, poderia ser mais importante manter esses trechos, de algum modo, longe dos olhos de observadores estrangeiros pouco compreensivos e, sobretudo, marcá-los com *pas devant les allemands* [não na frente dos alemães]. Outros sessenta anos depois, e durante outra convulsão, a da Primeira Guerra Mundial, um destacado sociólogo alemão, o usualmente astuto Max Scheler, retomou o mesmo debate e argumentou que algumas das personalidades relacionadas com a democracia, que haviam sido descritas como sutilezas simpáticas por Burke e como valores paradoxais por Bagehot, eram na verdade defeitos sérios e fundamentais. Agora a comparação era entre ingleses e alemães e suas respectivas atitudes para com a democracia.

Em um ensaio publicado em 1916, Scheler dedicou-se a refutar a alegação dos aliados segundo a qual a guerra opunha as "democracias" às "autocracias"; ele afirmava, ao contrário, que todas as "grandes nações" haviam desenvolvido seus próprios tipos bem diferentes de formas democráticas.[35] Comparando os tipos alemão e inglês, Scheler postulou uma "lei trágica da natureza humana", segundo a qual a "liberdade espiritual" do indivíduo está necessariamente em uma relação *inversa* com a liberdade política. Na Alemanha, o "magnífico sentimento [*Sinn*] para a liberdade espiritual, para o sopro espiritual e para a desconexão do Estado com as esferas mais íntimas da personalidade" anda de braços dados com a "propensão amiúde demasiado grande à subordinação [do indivíduo] à autoridade estatal... e até mesmo com certa tendência ao servilismo político", enquanto na Inglaterra "a ênfase dada à liberdade política... as tradicionais apreensões acerca das interferências do Estado e até uma notável capacidade... para a promoção de metas coletivas" têm uma contrapartida negativa em "um relativo paroquialismo, estreiteza de espírito, falta de sentimento para com a liberdade do intelecto individual altamente original, e no que para nós, alemães, é um inconcebível... convencionalismo". Segundo Scheler, esses vários aspectos negativos estavam íntima e inevitavelmente ligados aos positivos; além do mais, a ligação peculiar das características positivas e negativas, ou das virtudes e dos vícios dos sistemas inglês e alemão, não se separaria *nunca*, pelo menos "enquanto existir uma característica espiritual unitária daquela coisa que chamamos de "povo [*Volk*] alemão".[36]

A ideia da incompatibilidade — um tipo de liberdade só pode ser obtido à custa de outro — foi formulada aqui de maneira extrema. Ao contrário de Robert Lowe, que apresentava argumentos desse tipo para opor-se à introdução de um novo tipo de liberdade (a ampliação do direito de voto), Scheler imaginava nações diferentes escolhendo, por assim dizer, entre várias combinações disponíveis de liberdade e servidão, cada uma de acordo com seu próprio gênio *völkisch*.* Essa estranha construção de soma zero ilustra, tal como salientarei mais adiante, um componente conceitual básico (além de altamente dúbio) da tese da ameaça — e age, no processo, como uma espécie de *reductio ad absurdum* da tese na sua forma mais virulenta. É evidente que o próprio argumento era uma excrescência do engajamento apaixonadamente nacionalista de Scheler durante a guerra. De fato, logo após o fim desta, Scheler vituperou, como uma "*doença* alemã", a mesma combinação de *Innerlichkeit* (intensa vida interior) e servilismo que três anos antes apresentara como uma "lei da natureza humana" e como marca indelével da variedade alemã da democracia![37]

O WELFARE STATE COMO AMEAÇA À LIBERDADE
E À DEMOCRACIA

O argumento de que os passos dados em direção à democracia põem em perigo as liberdades individuais foi articulado em

---

* Esse gênero tem ancestrais ilustres: em seu poema "An die Deutschen" (Aos Alemães), Hölderlin caracterizou seus compatriotas em uma frase famosa — que logo ficaria notoriamente inadequada — como *tatenarm und gedankenvoll* — "curtos na ação e transbordantes de pensamento".

sua forma mais completa na Inglaterra, na segunda metade do século XIX. Como já sugerimos, a razão para tal está no desenvolvimento desigual da "liberdade" e da "igualdade" (no sentido de igualdade de direitos de voto para os homens) nos maiores Estados europeus: as liberdades individuais só vigoravam na Inglaterra e, portanto, podiam ser apresentadas — com uma pequena ajuda das desordens na França — como vulneráveis, em uma época em que poderosas forças políticas clamavam pela ampliação de direitos políticos ainda altamente restritos.

Vou abordar agora uma encarnação subsequente da tese da ameaça. A alegação mais contemporânea, e, portanto, mais conhecida, é que o Welfare State põe as liberdades individuais e o governo democrático em perigo. Curiosamente, os primeiros murmúrios nesse sentido surgiram também na Inglaterra, onde a acusação foi prenunciada no famoso *The road to serfdom* [Estrada para a servidão], de Friedrich Hayek, escrito em Londres durante a Segunda Guerra e publicado em 1944.[38] Que o novo argumento da ameaça tenha surgido uma vez mais na Inglaterra não é tão fortuito quanto possa parecer. Tal como na década de 1860, as liberdades individuais (além, agora, do governo democrático) gozavam de boa saúde na Inglaterra dos anos 1930; mais uma vez, era possível apresentá-las como ameaçadas, tanto por existirem como por terem sido recentemente desprezadas em outro importante país "avançado", desta vez na Áustria-Alemanha. E, assim como na Inglaterra da década de 1860 haviam surgido fortes exigências de uma ampliação substancial do direito de voto, a experiência da Grande Depressão, nos anos 1930, em parte devido à influência de Keynes, levou a reivindicações fortes com renovado poder de persuasão, para que o Estado tivesse um papel mais ativo na economia. Nessa altura, Hayek, com autoridade de alguém que, com a sua formação austríaca, conhecia muito bem a natureza precária da liberdade, emitiu seu eloquente alerta de que a interferência governamental no "mercado" seria destrutiva para a liberdade.

Há um capítulo no livro (Capítulo 9) que, na seção "Segurança e liberdade", trata exclusivamente de questões de política social. Os neoconservadores de hoje ficariam chocados ao reler esse capítulo, pois Hayek foi surpreendentemente longe no endosso do que foi mais tarde chamado de Welfare State. Sai em defesa da "certeza de um dado mínimo de subsistência para todos", ou seja, "um mínimo de alimentação, abrigo e vestuário, suficientes para preservar a saúde e a capacidade de trabalho", além de seguros assistidos pelo Estado contra doença, acidentes e desastres naturais. Critica, é claro, certo tipo de "planejamento para a segurança que tem um efeito tão insidioso sobre a liberdade" e avisa também que as "políticas que concedem o privilégio da segurança ora a este grupo, ora a outro, são hoje seguidas em toda a parte, e estão... rapidamente criando condições nas quais os anseios de segurança ficam mais fortes que o amor pela liberdade".[39] Na época, porém, a crítica de Hayek às políticas de bem-estar social era extraordinariamente contida, em uma obra que em outros aspectos era altamente militante. Pode ser que ele não tenha podido deixar de compartilhar, ou não tenha querido ofender, o esmagador sentimento de solidariedade e comunidade, tão característico da Inglaterra dos tempos de guerra e que se refletia no endosso praticamente unânime, da opinião pública, ao Relatório Beveridge, a Carta Magna do Welfare State — publicado no final de 1942, apenas um ano e pouco antes de *The road to serfdom*.[40] Tal como veremos a seguir, Hayek passou para posições bem mais críticas depois que os sentimentos dos tempos de guerra se amainaram e as providências do Welfare State se estenderam de fato por numerosos países durante a primeira década do pós-guerra.

Apesar de seu caráter contido, *The road to serfdom* forneceu ampla base para a *inferência* de que o Welfare State ameaça a liberdade e a democracia. O livro foi escrito, antes de mais nada, como uma polêmica contra o "planejamento", ou contra o que Hayek via como uma tendência a, ou como pressões por, um papel mais ativo do Estado em várias áreas de política econômica. Mas o argumento foi formulado em termos tão gerais que foi de extrema utilidade quando as medidas de assistência social passaram para o primeiro lugar na agenda dos reformadores.

A estrutura básica do argumento era de uma simplicidade notável: qualquer tendência à expansão da *competência* do governo está fadada a ameaçar a liberdade. Tal afirmação baseava-se no seguinte raciocínio: 1. em geral as pessoas concordam com apenas algumas poucas tarefas comuns; 2. para ser democrático, o governo deve ser consensual; 3. o governo democrático, portanto, só é possível quando o Estado limita suas atividades às poucas sobre as quais as pessoas podem concordar; 4. logo, quando o Estado desejar assumir importantes funções adicionais, verá que só pode fazê-lo pela coação, e tanto a liberdade como a democracia estarão destruídas. "O preço que temos de pagar por um sistema democrático é a restrição da ação do Estado às áreas em que um acordo possa ser obtido." Foi assim que Hayek expôs a questão fundamental já em 1938, em um texto mencionado em seu prefácio para *The road to serfdom* como contendo o "argumento central" do livro.[41] Em outras palavras, a propensão à "servidão", em qualquer país, é uma função direta e monotonamente crescente do "alcance" do governo. Esse argumento simplista tornou-se um importante ponto de apoio da tese da ameaça, quando aplicada ao Welfare State.

Seguindo a mesma linha, o próprio Hayek passou ao ataque explícito contra o Welfare State na sua seguinte publicação importante, *The constitution of liberty* [A constituição da liberdade], em 1960. Toda a terceira parte dessa obra, "Liberdade no Welfare State" (do Capítulo 17 ao 24), é dedicada a esse ataque. No capítulo inicial dessa parte, "O declínio do socialismo e a ascensão do Welfare State", Hayek parece lamentar retrospectivamente ter errado o alvo em *The road to serfdom*. Por uma série de razões que ele expõe, os principais alvos dos seus ataques nesse livro, o "planejamento" e o socialismo em sua versão marxista ortodoxa, perderam grande parte dos seus atrativos, tanto para os trabalhadores quanto para os intelectuais. Mas nem por isso tudo está bem; ainda há ameaças a serem afastadas. Na verdade, essas ameaças são ainda mais graves por serem mais insidiosas, visto que os socialistas e os planejadores de outrora continuam com suas metas de "uma distribuição de rendas que esteja de acordo com sua concepção de justiça... Em consequência, apesar de o socialismo ter sido, de modo geral, abandonado como um objetivo a ser procurado deliberadamente, não é de maneira alguma certo que não viremos a estabelecê-lo ainda, mesmo que seja sem querer".[42]

Desse ponto de vista, agora é o Welfare State que é apresentado como o principal perigo novo para a liberdade. Porquanto mantenha algumas das fórmulas prudentes de *The road to serfdom*, nas páginas iniciais do capítulo sobre a segurança social, Hayek desenvolve uma crítica detalhada e aberta na sua extensa argumentação posterior. Assim, a segurança social é denunciada em termos bastante gerais, pois a redistribuição da renda passou a ser sua "meta real e confessa por toda a parte". E o tema principal é, outra vez mais, o da ameaça: "A liberdade está criticamente ameaçada quando se concede ao governo o poder exclusivo de fornecer certos serviços — poder este que, para alcançar seu propósito, precisa ser usado para a coação discricionária dos indivíduos".[43]

A afirmação de que o Welfare State é uma ameaça à liberdade e à democracia não era particularmente digna de crédito quando Hayek a pronunciou em 1960. Nas primeiras duas décadas do pós-guerra, a opinião pública ocidental foi ficando basicamente convencida de que a legislação ampliada de assistência social, introduzida na maioria dos países depois da Segunda Guerra, fizera uma importante contribuição ao crescimento econômico e à uniformização dos ciclos econômicos, como também à paz social e ao reforço da democracia. As próprias conferências pronunciadas por Marshall em 1950 sobre "Cidadania e classe social", tão destacadas aqui, consagraram o Welfare State como a realização máxima da sociedade ocidental, por complementar as liberdades individuais e a participação democrática com um conjunto de direitos sociais e econômicos. O consenso em torno dessa ideia foi bem descrito por Richard Titmuss, que em 1958 escreveu:

> Desde [1948] sucessivos governos, conservadores e trabalhistas, ocuparam-se com a operação mais eficiente dos vários serviços, com extensões aqui e ajustes ali, e ambos os partidos, dentro e fora do governo, reivindicam a manutenção do "Welfare State" como um artigo de fé.[44]

Uma situação muito parecida prevalecia na maioria dos demais países industrialmente avançados. A esmagadora aprovação e popularidade com que o Welfare State contou durante a longa lua de mel do pós-guerra contrasta com a ampla hostilidade, como vimos no segundo capítulo, à expansão do direito de voto no século XIX. É claro que houve vozes discordantes, como a de Hayek, mas em comparação com o período anterior foi alcançado um notável consenso: a opinião dominante era que o governo democrático, a administração macroeconômica keynesiana, que garantia a estabilidade e o crescimento econômicos, e o Welfare State não só eram compatíveis como também, de modo quase providencial, reforçavam um ao outro.

Tudo isso mudou radicalmente com os eventos — revoltas estudantis, Vietnã, choques do petróleo, estagflação — do final dos anos 1960 e início dos 1970. Em consequência, um grupo revigorado de teses de ameaça não demorou a fazer uma notável aparição.

A alegação imediata não era que o Welfare State punha em perigo a liberdade ou a democracia, mas que estava em conflito com o crescimento econômico. Assim como Robert Lowe e outros oponentes da reforma eleitoral haviam advertido, na segunda metade do século XIX, que a ampliação do direito de voto solaparia o progresso técnico e o livre comércio — as mais altas realizações da era que acabara de passar —, argumentava-se agora que o Welfare State ameaçaria os evidentes sucessos econômicos do pós-guerra, ou seja, o crescimento dinâmico, o baixo desemprego e os ciclos econômicos "amortecidos".

O primeiro grito de alerta veio da esquerda, sempre atenta ao surgimento das "contradições" do capitalismo. O pensamento keynesiano, então dominante, considerava que o crescimento econômico e a estabilidade, por um lado, e os gastos do Welfare State, pelo outro, apoiavam-se mutuamente — a expansão das "transferências de pagamento" era possível graças ao crescimento econômico e atuava por sua vez como os famosos "estabilizadores incorporados" [*built-in stabilizers*] que sustentariam a demanda consumidora em qualquer recessão.

Essa *Harmonielehre* (doutrina da harmonia) particular foi implicitamente questionada, no início dos anos 1970, por James O'Connor em um artigo intitulado "A crise fiscal do Estado", que posteriormente serviu de base a um livro com o mesmo título.[45] Onde outros haviam visto harmonia, O'Connor formulou a notável tese de que o Estado capitalista moderno tinha "duas funções básicas e com frequência mutuamente contraditórias": primeiro, o Estado deve assegurar-se de que ocorra investimento líquido contínuo, formação de capital, ou, em termos marxianos, acumulação pelos capitalistas — esta era a "função de acumulação" do Estado; em segundo lugar, o Estado deve preocupar-se com a manutenção da sua própria legitimidade, fornecendo à população os padrões apropriados de consumo, saúde e educação — a "função de legitimação" do Estado.[46] Por que razão essas duas funções deveriam ser contraditórias, isto é, solapar uma à outra de maneira a provocar "crises"? Ao contrário do elegante silogismo de Hayek, que ligava o aumento da "competência" do Estado à ruína da liberdade, O'Connor nunca chega a dizer abertamente, embora explore ao máximo as tendências ao orçamento deficitário, à inflação e à revolta fiscal que pôde documentar na época, como resultado da expansão do que chamou de Welfare State de guerra. Esse termo foi usado, é claro, para criticar o Welfare State pela esquerda. De muitas maneiras, contudo, o ataque de O'Connor tinha muito mais em comum com as críticas vindas do lado oposto do espectro político, como pode ser visto na frase seguinte, que é talvez o mais próximo que ele chega da explicação dessa suposta contradição:

> A acumulação de capital social e os gastos sociais (para saúde, educação e assistência social) são um processo altamente irracional do ponto de vista da coerência administrativa, da estabilidade fiscal e da acumulação potencialmente lucrativa de capital privado.[47]

Em meio aos muitos descontentes dos anos 1970, a notícia de que uma contradição que até então conseguira passar despercebida fora descoberta nos Estados Unidos espalhou-se com rapidez, por mais inconsistentes que fossem as bases da proposição. Na esquerda, mais uma vez, Jürgen Habermas usou-a amplamente em seu influente livro *Legitimationsprobleme im Spätkapitalismus*, de 1973, publicado nos Estados Unidos sob o título mais sonoro e ominoso de *Legitimation crisis* [Crise de legitimação].[48] Em pouco tempo, porém, a opinião conservadora percebeu, por sua vez, a íntima afinidade que tinha com a tese de O'Connor. Só que em vez de considerar que o aumento dos gastos do Welfare State solapa o *capitalismo*, o argumento foi transformado para alegar que tais despesas, com suas consequências inflacionárias e, de maneira geral, desestabilizadoras, eram uma séria ameaça ao *governo democrático*. Desse modo, a tese da ameaça foi novamente invocada contra o Welfare State, e os problemas de governo que haviam surgido em diversos países ocidentais em meados dos anos 1970 deram-lhe dessa vez a plausibilidade que não tinha quando Hayek recorreu a ela quinze anos antes. A instabilidade política ou o mal-estar exacerbado em vários países ocidentais importantes tinham na verdade origens completamente diferentes — o escândalo de Watergate, nos Estados Unidos, a fraqueza dos governos conservadores e trabalhistas, na Inglaterra, a repentina ascensão do terrorismo, na Alemanha Ocidental, e as incertezas pós-gaullistas, na França. No entanto diversos analistas políticos começaram a falar de uma "crise de governabilidade (ou ingovernabilidade) das democracias", como se se tratasse de uma aflição uniforme. Houve também muita conversa acerca de uma "sobrecarga governamental", termo que insinuava o início de um diagnóstico "crise", apontando um dedo acusador para vários empreendimentos não especificados do Estado.

Essas preocupações espalharam-se de tal modo que foram escolhidas como um campo de estudo pela Comissão Trilateral, grupo de cidadãos proeminentes da Europa ocidental, do Japão e da América do Norte, formado em 1973 para considerar problemas comuns. Um relatório à Comissão foi esboçado por três destacados cientistas sociais e publicado em 1975 sob o impressionante título de *The crisis of democracy* [A crise da democracia].[49] O capítulo sobre os Estados Unidos, escrito por Samuel Huntington, teve ampla divulgação e tornou-se muito influente. Huntington avançou um novo argumento, que tendia a responsabilizar a recente expansão das despesas de assistência social pela chamada crise de governabilidade na democracia americana.

O raciocínio de Huntington é razoavelmente direto, embora não deixe de ter seus floreios retóricos. Uma primeira seção sobre os eventos dos anos 1960 parece, de início, celebrar a "vitalidade" da democracia americana, que se expressava no "renovado compromisso com a ideia da igualdade" para as minorias, as mulheres e os pobres. Logo, porém, o lado negro desse impulso aparentemente bom, o custo dessa "onda democrática", é desnudado em uma sentença lapidar: "*A vitalidade da democracia nos Estados Unidos, nos anos 1960, produziu um aumento substancial na atividade governamental, e uma diminuição substancial da autoridade governamental*".[50] Por sua vez, a diminuição da autoridade está na base da "crise de governabilidade".

Qual era, então, a natureza desse aumento da atividade governamental, essa "sobrecarga", tão intimamente ligada a tão terrível desfecho? Na segunda edição do seu ensaio, Huntington responde a essa pergunta apontando para os aumentos relativos e absolutos nos gastos com saúde, educação e assistência social nos anos 1960. Chama essa expansão de "deslocamento para a assistência", em comparação com o muito mais limitado "deslocamento para a defesa", que se seguiu à Guerra da Coreia nos anos 1950. Nesse ponto ele menciona com destaque O'Connor e sua tese neomarxista, que também vê na expansão dos gastos com a assistência uma fonte de "crise", e critica-o apenas por ter interpretado mal a crise como sendo do capitalismo — ou seja, como sendo de natureza econômica, em vez de essencialmente política.[51]

O resto do ensaio é dedicado a uma vívida descrição da erosão da autoridade governamental no final dos anos 1960 e no início dos 1970. Estranhamente, em suas conclusões Huntington não volta ao Welfare State, que no início identificara como o culpado original pela "crise da democracia", e limita-se a advogar mais moderação e menos "paixões de credos", por parte dos cidadãos, como os remédios para os males da democracia. Mesmo assim, qualquer leitor atento do ensaio como um todo não pode deixar de sentir que alguma coisa deve ser feita acerca do deslocamento para o Welfare, para que a democracia americana possa recobrar sua força e autoridade.

Huntington não faz referências a Hayek,[52] apesar de partilhar com ele a opinião básica de que a liberdade e a democracia estão ameaçadas pela nova intromissão do Estado na vasta área de assistência social. No entanto as razões arroladas para o surgimento da ameaça são totalmente diferentes. Para Hayek, o consenso democrático já não pode ser alcançado quando o Estado insiste em assumir novas atividades, tornando necessária a coação. Esse esquema foi moldado por Hayek para demonstrar que o que ele chama de planejamento econômico coletivista ou é impossível, ou totalitário, ou ambas as coisas. Na verdade, as novas atividades de assistência social assumidas por diversos Estados ocidentais depois da guerra, e de novo nos anos 1960 e 1970, resultaram precisamente desse mesmo consenso nacional que Hayek decretara ser, a priori, inconcebível. Huntington reconheceu plenamente a realidade desse "surto democrático", mas alegou então que a diluição da autoridade e a crise da democracia eram suas consequências involuntárias, imprevistas e inevitáveis.

Na realidade, o argumento era uma aplicação, aos Estados Unidos, de uma tese ao estilo tese da ameaça que servira bem a Huntington em suas análises da política de países de baixa renda. Em várias publicações que lhe granjearam a fama de cientista político inovador, ele argumentou que o desenvolvimento econômico nessas sociedades, em vez de contribuir para o "desenvolvimento político", ou seja, para o progresso em direção à democracia e aos direitos humanos, exerce crescentes pressões e exige cada vez mais das estruturas políticas existentes, fracamente institucionalizadas, levando à "decadência política" e a golpes militares.⁵³

A confirmação parcial dessas teses pelas crises e reviravoltas políticas experimentadas por diversos países da América Latina e da África, nos anos 1960 e 1970, pode ter fornecido a Huntington o ânimo necessário para tentar aplicar a tese ao "Norte", em especial aos Estados Unidos. Nesse caso, todavia, os indícios de que haveria um preço temível — em liberdade e democracia — a pagar por confiar novas tarefas ao Estado são, na melhor das hipóteses, ambíguos. Os Estados Unidos e outras democracias ocidentais, que em meados dos anos 1970 haviam sido amplamente proclamados como "ingovernáveis" e curvados, se não esmagados, por uma "sobrecarga", continuaram seus caminhos sem nenhum incidente nem ruptura de monta. E o tema da "crise de governabilidade" saiu do discurso corrente tão repentinamente quanto entrara.

O que não quer dizer que a discussão em torno do Welfare State tenha esmorecido. Ao contrário, ataques mais cerrados logo foram desfechados, mas agora impugnavam diretamente as políticas de bem-estar social como contraproducentes e renitentes, baseando-se nas teses da futilidade e da perversidade.

REFLEXÕES SOBRE A TESE DA AMEAÇA

A ameaça e seus mitos associados

"*Ceci tuera cela*" [Isto matará aquilo] é o título de um famoso capítulo do romance *Notre-Dame de Paris*, de Victor Hugo. Nesse caso, *ceci* representava a imprensa e o livro, que, com a invenção dos tipos móveis, explicou Victor Hugo, tomariam o lugar de *cela*, ou seja, das catedrais e outras arquiteturas monumentais como expressão principal da cultura ocidental. Muito mais recentemente, uma queda semelhante foi prevista para o próprio livro: segundo Marshall McLuhan, a impressão "linear" e a confecção de livros estavam por sua vez destinadas à obsolescência, quando os "circuitos elétricos" em geral, e a televisão em particular, tomassem seu lugar.

Muitas profecias parecidas de ascensão e queda desse tipo poderiam ser coletadas, mas vou limitar-me a fazer diretamente duas observações gerais:

1. As profecias revelam-se absolutamente corretas — exceto quando não o são.
2. Posto que a frequência com que tais afirmações são feitas é muito maior que o que ocorre "na natureza", deve haver algum tipo de atrativo intelectual inerente ao ato de fazê-las.

Em parte, esse atrativo é sem dúvida devido à promessa warholiana de quinze minutos de celebridade com que essas previsões acenam para seus autores. Por exemplo, quando um novo material (digamos, o náilon) começa a corroer o mercado de um material antigo (a seda), é mais fácil, além de mais impressionante, anunciar que o processo resultará no total abandono da seda que analisar de que maneira ambos podem vir a coexistir e ocupar nichos bem definidos do mercado.

De maneira mais geral, o recurso frequente a afirmações do tipo *ceci tuera cela* pode ser interpretado como tendo raízes em uma renitente "mentalidade de soma zero". O jogo de soma zero, em que os ganhos do vencedor são matematicamente iguais às perdas do derrotado, é com certeza predominante no mundo dos jogos, e tem uma poderosa presa sobre nossa imaginação estratégica. Há alguns anos o antropólogo George Foster propôs um termo culturalmente mais significativo para designar esse tipo de mentalidade: a Imagem do Bem Limitado. Seus estudos das comunidades camponesas indígenas no México sugeriram-lhe a existência de uma ampla crença de que qualquer ganho fortuito em uma direção, para um indivíduo ou para um grupo, está fadado a ser equilibrado e, portanto, de fato, eliminado por uma perda em outra direção.[54] Examinando com mais atenção, vemos com frequência que as afirmações *ceci tuera cela* apontam para um desfecho *negativo*, mais que de soma zero: perdemos e ganhamos, mas o que perdemos é mais precioso que o que ganhamos. É um caso de um passo para a frente e dois para trás: o que, em um primeiro momento, parece ser progresso não só é ilusório como francamente empobrecedor. Também nesse caso tais situações lembram a sequência Hubris-Nêmesis, em que o homem é punido pelos deuses por ter tido acesso a conhecimentos proibidos ou por ter se tornado poderoso, rico ou bem-sucedido demais; no final, ele acaba em pior situação que no início (se não morto).

A tese da ameaça extrai uma força considerável da sua conexão com esses vários mitos e estereótipos. O argumento de que um novo avanço porá em perigo um antigo é, de certo modo, imediatamente plausível, tal como o é a ideia de que uma antiga liberdade é por força mais valiosa que uma nova ("novidadeira"). Em conjunto, esses dois argumentos constituem um poderoso libelo contra qualquer mudança do status quo. Talvez por se apoiar nessas conexões fáceis e automáticas da tese da ameaça, com imagens mentais fortemente enraizadas, seus protagonistas tenham encontrado satisfação em argumentos bastante inconsistentes. Quando comecei a examinar os principais episódios intelectuais em que a tese da ameaça foi invocada, acreditava que encontraria os mais sofisticados dentre os vários argumentos "reacionários" com que lidaria em meu estudo. Essa expectativa foi frustrada. Em lugar da rica argumentação histórica pela qual eu esperava, os propositores da alegação da ameaça, de Robert Lowe a Samuel Huntington, satisfizeram-se muitas vezes com afirmações simples do tipo *ceci tuera cela*. No caso de Huntington, por exemplo, a ligação básica entre o deslocamento para o bem-estar social e a crescente "ingovernabilidade" dos Estados Unidos é o fato de ambos estarem adequadamente sincronizados, o deslocamento precedendo o surto de ingovernabilidade na democracia americana em meados dos anos 1970 — surto que depois se revelou de curta duração. Uma vez que se tenha uma sequência de ascensão e queda tão bem sincronizada para exibir, é como se fosse possível dispensar o recurso à demonstração de qualquer nexo causal mais persuasivo: há então um salto coletivo para a conclusão de que ambas estão intimamente ligadas.

A ameaça versus o apoio mútuo

A tese da ameaça não é a única maneira de estabelecer ligações entre duas tentativas sucessivas de mudança ou reforma social. É fácil visualizar a linha de argumentação oposta: que uma reforma ou instituição A já estabelecida seria *reforçada*, em vez de enfraquecida (tal como na alegação da ameaça), pela reforma ou instituição B projetada; que a aplicação de B é necessária para dar robustez e sentido a A; que B é necessária como complemento de A. É provável que essa argumentação de *complementaridade, harmonia, sinergia* ou *apoio mútuo* seja posta em campo algum tempo antes da tese da ameaça, pois será avançada pelos primeiros partidários "progressistas" de B, muito antes que B se torne uma realidade iminente ou de fato, mobilizando então os reacionários e seus argumentos. Esse intervalo entre o surgimento dos dois argumentos contrários faz com que seja concebível que nunca se enfrentem. O debate sobre as políticas de bem-estar social talvez seja um caso ilustrativo.

Quando tais políticas começaram a ser defendidas e adotadas, um grande argumento em favor delas é que constituíam uma condição indispensável para salvar o capitalismo de seus próprios excessos (desemprego, migração em massa, desintegração de comunidades e de sistemas familiares) e garantir que o direito de voto recentemente ampliado e instituído não gerasse abusos devido à existência de grande número de eleitores sem instrução, sem saúde e empobrecidos. Esses argumentos pioneiros, aparentemente razoáveis e até poderosos em favor do bem-estar social, foram em larga medida ignorados pelos que mais tarde enfatizaram os vários modos pelos quais o Welfare State entra em conflito com o capitalismo, a liberdade ou a estabilidade da democracia.

No entanto, é difícil acreditar que os críticos do Welfare State que se utilizaram do argumento da ameaça e, no processo, de um argumento *histórico* não tivessem nenhum conhecimento das alegações anteriores de harmonia ou apoio mútuo. Se estivessem certos, teriam demonstrado, afinal de contas, que os analistas anteriores estavam radicalmente equivocados: as políticas de bem-estar social, em vez de revigorar o capitalismo e reforçar a democracia, estavam na verdade solapando essas formações. Para generalizar um pouco: *um curso de ação tomado expressamente para evitar um evento temido acaba provocando esse mesmo evento.* Haveria com certeza um deleite especial para os reacionários na revelação de uma sequência como essa, que consegue introduzir a perversidade além da ameaça, quando se demonstra que a ação resultou no oposto do que se pretendia. De fato, a sequência retrata a ação e o planejamento humanos "propositais" na sua forma mais lamentavelmente impotente — de maneira muito parecida à história de Édipo, em que a própria atividade do rei-pai, sua tentativa de evitar a sina anunciada (ordenando que o filho Édipo fosse morto), é um elo importante na sequência de eventos que causa a realização da profecia divina. Bem consciente desse tipo de sequência, e deliciado por ele, Joseph de Maistre caracterizou-o como uma "afetação" especial da Providência, em sua notável formulação do efeito perverso, citada no Capítulo 2.

Incitados ainda por outro mito, alguns partidários da tese da ameaça podem assim confirmar suas crenças ao contemplar o argumento do apoio mútuo e a extensão espantosa, mas para eles reconfortante, dos erros que os homens podem cometer. Outros, porém, podem vir a perceber que, juntas, ambas as teses definem um rico campo de *possibilidades intermediárias* que contém a maior parte das situações historicamente relevantes. Depois que a ameaça e o apoio mútuo forem vistos como dois exemplos limitadores e igualmente irrealistas, será de fato possível conceber uma ampla variedade de modos compostos pelos quais uma nova reforma pode interagir com outra mais antiga, já em vigor.[55]

Uma possibilidade evidente é que tanto os partidários do apoio mútuo quanto os da ameaça estejam certos, mas cada um a seu turno: uma nova reforma reforça outra mais antiga durante certo tempo, mas depois entra em conflito com ela, quando a nova é levada além de um dado ponto. Ou tomemos a sequência oposta: a luta por uma nova reforma cria um alto grau de tensão e com isso põe em perigo instituições que encarnam uma realização anterior de "progresso"; com o tempo, porém, tanto a nova reforma quanto as antigas instituições se acomodam, e extraem força uma da outra. Tais esquemas, com a harmonia e a ameaça dominando em nítida alternância, são todavia demasiado primitivos. Situações mais complexas são não apenas concebíveis como também podem afirmar-se mais realistas. Por exemplo, é provável que qualquer programa de reformas ou medida "progressista" tenha diversos aspectos, atividades e efeitos, alguns dos quais podem ajudar a reforçar uma reforma ou instituição já estabelecida, enquanto outros operam com propósitos contraditórios, e outros ainda não implicam nem ajuda, nem dano. Além disso, se a nova reforma tem ou não esses efeitos positivos, negativos ou neutros sobre a antiga e, caso os tenha, em que grau, pode depender mais das circunstâncias específicas que a rodeiam que das suas características intrínsecas.

Tendo em vista essas complicações do "mundo real", não é de se estranhar que as discussões acerca das interações entre os progressos do passado e os planejados para o futuro tenham ficado restritas, em grande parte, aos dois casos extremos. Encontrar combinações factíveis do velho com o novo sem trabalhar sob a ilusão do apoio mútuo e sem perder a perspectiva dos perigos da ameaça é, essencialmente, uma questão de invenção histórica prática.

Ameaça versus estagnação

A despeito da sua íntima conexão com padrões familiares de pensamento — ascensão e queda, soma zero, *ceci tuera cela* e outros —, o domínio da tese da ameaça é mais limitado que o dos argumentos da perversidade e da futilidade. Isso porque a ameaça requer como pano de fundo um cenário e uma consciência históricos específicos: quando um empreendimento "progressista" está sendo defendido ou implementado em uma comunidade ou nação, é preciso que exista a memória viva de reformas, instituições ou realizações *anteriores* altamente apreciadas que possam, de maneira plausível, ser postas em perigo pela nova medida. Essa não deveria ser uma estipulação demasiado limitadora, mas algumas sociedades são simplesmente mais conscientes que outras do fato de que sua história social e política passou por uma série ordenada de estágios de progresso. Por este conceito elas devem, por assim dizer, pagar um preço: tornam-se o palco principal para a exibição da tese da ameaça.

A questão está relacionada com um tema outrora muito discutido do "desenvolvimento político". Na Europa ocidental, como foi assinalado por vários autores, as distintas "tarefas", ou "requisitos" da construção de uma nação — realizar a identidade cultural, garantir autoridade sobre tal território, alistar e administrar a participação das massas — foram empreendidas uma após a outra ao longo de um período de séculos, ao passo que as "novas nações" do Terceiro Mundo tiveram de enfrentar todas de uma só vez.[56] Do mesmo modo, a história de Marshall — a progressão dos direitos civis à participação das massas na política por meio do sufrágio universal e aos direitos socioeconômicos — procedeu de maneira muito mais pausada e ordenada na Inglaterra que nos demais países europeus importantes, para não falar do resto do mundo. Esta é a razão, é claro, pela qual a tese da ameaça foi invocada em primeiro lugar na Inglaterra e nos Estados Unidos — onde, com exceção da escravidão, a consolidação das liberdades individuais e o desenvolvimento de políticas modernas de bem-estar social também seguiram uma via sequencial bem-ordenada.

No debate acerca do chamado desenvolvimento político, a diferenciação entre os poucos países que foram capazes de resolver seus problemas um a um durante um longo período e aqueles (presumivelmente menos afortunados) para os quais esse período foi altamente comprimido tinha um propósito evidente: demonstrar que os últimos tinham à sua frente uma tarefa assustadora e transmitir uma avaliação das dificuldades especiais de construção de uma nação no século xx. Por enquanto, vamos aceitar esse argumento. Os países mais novos têm então pelo menos uma *vantagem* a seu favor: quando se tratar de dotá-los com, digamos, instituições de Welfare State, não será possível combater esse avanço em nome da preservação de uma tradição de democracia ou de liberdades individuais, posto que dificilmente existirá tal tradição. Em outras palavras, a tese da ameaça não poderá ser invocada nesses casos.

Essa vantagem "retórica" que facilita a vida dos defensores do Welfare State nos países mais novos pode parecer um consolo muito pequeno em comparação à desvantagem "real" — a necessidade de resolver diversos problemas de construção de um Estado ao mesmo tempo — em que operam, segundo se diz, as sociedades retardatárias. Todavia essa desvantagem parece bastante menos formidável quando o argumento subjacente é questionado. Para começar, simplesmente não é verdade que os países mais avançados sempre desfrutam o luxo de resolver seus problemas de forma sequencial, e que os mais recentes são todos forçados a uma operação praticamente simultânea. Vejamos, por exemplo, os estágios da industrialização: não foi adequadamente observado, talvez em virtude da falta de comunicação entre economistas e cientistas sociais, que neste caso o que vale é a relação inversa. Com capital e bens intermediários provindos de fora, foram os países mais jovens que, para variar, puderam mover-se com mais tranquilidade, segundo a dinâmica dos elos retrospectivos, dos últimos para os primeiros estágios da produção, e daí para a produção de bens de capital (se chegaram tão longe), enquanto os países industriais pioneiros muitas vezes tiveram que produzir, de maneira concorrente, todos os produtos necessários, inclusive os bens de capital, mesmo que com métodos artesanais. Nesse caso, contudo, a obrigação dos países industriais pioneiros de ocupar todos os estágios da produção ao mesmo tempo foi considerada uma *vantagem* (do ponto de vista da dinâmica da industrialização), e a natureza sequencial do processo nos países de industrialização mais recente foi correspondentemente vista como um inconveniente, *devido ao risco de estagnação* no estágio dos bens de consumo finais. Esse risco é real: tal como expliquei em outra parte, "o industrial que até aqui trabalhou com materiais importados será com frequência hostil ao estabelecimento de indústrias nacionais que produzam esses materiais", e, de modo mais geral, "ainda que os primeiros passos [da industrialização] sejam fáceis de dar, eles podem dificultar os passos seguintes".[57]

Comparar as dinâmicas da industrialização e do desenvolvimento político parece à primeira vista render apenas uma generalização um tanto desconcertante: não importa se as tarefas assinaladas aos países avançados podem ser enfrentadas de forma sequencial ou devem ser resolvidas todas ao mesmo tempo; seja como for, estes países ficarão sempre com a melhor parte. Isso, porém, não deveria surpreender — trata-se de uma das muitas razões interligadas pelas quais tais países *são* avançados.

No entanto o argumento tem suas utilidades. Antes de mais nada, ele coloca uma questão formal: enfatizar o risco de estagnação nos primeiros estágios de algum processo, de nunca alcançar os estágios seguintes, é imagem especular da tese da ameaça, isto é, a insistência no risco de prejudicar uma realização anterior com alguma ação nova. Em ambos os casos, os expoentes dessas preocupações opostas pensam em termos de estágios sucessivos que seriam conflitivos ou incompatíveis. Contudo há uma diferença: os que se afligem com o risco de estagnação veem o segundo estágio como uma consumação altamente desejável, até mesmo essencial, enquanto os que invocam os perigos da ameaça têm na verdade muito mais carinho pelas realizações do estágio anterior.

A comparação entre as duas dinâmicas permite uma conclusão mais substancial. A resolução tranquila e sequencial dos problemas nem sempre é uma bênção imaculada, tal como foi argumentado de maneira tão plausível em textos sobre o desenvolvimento político.*
A resolução sequencial dos problemas traz consigo o risco de estagnação, e esse risco vale não só para a sequência que vai da produção de bens de consumo à de maquinário e bens intermediários, como

---

* A respeito do desenvolvimento econômico, enfatizei as possibilidades e vantagens da resolução sequencial de problemas ("crescimento desequilibrado") em *The strategy of economic development* (New Haven, Yale University Press, 1958). Aqui me preocupa mais o risco de estagnação que acompanha a disponibilidade de soluções sequenciais. Em meu artigo "The case against 'One thing at a time'" em *World Development*, 18 (agosto de 1990, pp. 1119-22), exploro a relação entre essas duas posições.

também, de forma diferente, para a complexa progressão marshalliana das liberdades individuais ao sufrágio universal e deste para o Welfare State. Não é preciso acreditar na tese da ameaça (na forma, por exemplo, de uma absoluta incompatibilidade entre os programas do Welfare State e a salvaguarda das liberdades individuais) para admitir que é provável que uma sociedade que tenha sido pioneira na garantia dessas liberdades experimente dificuldades especiais para depois estabelecer políticas abrangentes de bem-estar social. Os mesmos valores que servem bem a essa sociedade em uma fase — a crença no valor supremo da individualidade, a insistência na realização e na responsabilidade individuais — poderão ser um obstáculo mais tarde, quando um éthos comunitário e solidário se fizer necessário.

Talvez essa seja a razão básica pela qual a Alemanha de Bismarck — país que, peculiarmente, estava livre das amarras de uma forte tradição liberal — foi pioneira nas políticas de bem-estar social. Do mesmo modo, o mais recente ataque retórico contra o Welfare State no Ocidente não foi nem de perto tão vigoroso e sistemático na Europa ocidental continental quanto na Inglaterra e nos Estados Unidos. Nada disso implica que nos países *com* forte tradição liberal seja impossível estabelecer um conjunto abrangente de políticas de bem-estar social. É neles, porém, que sua introdução parece requerer o concurso de circunstâncias excepcionais — tais como as pressões criadas por uma depressão ou guerra —, bem como de proezas especiais de engenharia social, política e ideológica. Além disso, uma vez introduzidas, as medidas do Welfare State sofrerão um ataque na primeira oportunidade. A tensão entre a tradição liberal e o novo éthos de solidariedade ficará sem solução por muito tempo; a tese da ameaça será invocada com regularidade previsível, e sempre encontrará uma audiência receptiva.

5. As três teses comparadas e combinadas

A maior parte da minha tarefa está cumprida. Demonstrei de que maneira três tipos diferentes de crítica — os argumentos da perversidade, da futilidade e da ameaça — foram infalivelmente dirigidos, ainda que em múltiplas variantes, contra três grandes medidas "revolucionárias", "progressistas" ou "reformistas" dos dois últimos séculos. Uma sinopse em forma de quadro poderá ser útil.

QUADRO SINÓPTICO

O quadro segue a ordem adotada no meu texto, a não ser pelo fato de a "ameaça" preceder a "perversidade" e a "futilidade", em vez de sucedê-las. Essa inversão é conveniente para que, na tabela, o tempo flua para a frente da esquerda para a direita e de baixo para cima. Não há dúvida sobre como organizar a direção horizontal: tal como no texto, as três extensões de Marshall do conceito de cidadania são listadas na sua ordem histórica "normal" (ou seja, a ordem em que apareceram na Inglaterra): do as-

PRINCIPAIS EXPOENTES DE TRÊS ARGUMENTOS "REACIONÁRIOS" DURANTE TRÊS PERÍODOS HISTÓRICOS

Argumento	Época		
	Revolução Francesa	Sufrágio universal	Ascensão do Welfare State
	Ascensão das liberdades individuais	Ascensão da democracia	
Ameaça	—	George Canning Robert Lowe Sir Henry Sumner Maine Fustel de Coulanges Max Scheler	Friedrich A. Hayek Samuel P. Huntington
Perversidade	Edmund Burke Joseph de Maistre Adam Müller	Gustave Le Bon Herbert Spencer	Oponentes das Poor Laws Defensores da New Poor Law Jay W. Forrester Nathan Glazer Charles Murray
Futilidade	Alexis de Tocqueville	Gaetano Mosca Vilfredo Pareto James Fitzjames Stephen	George Stigler Martin Feldstein Gordon Tullock

pecto civil para o político e para o socioeconômico. Por outro lado, a ordem temporal apropriada na direção vertical depende da sequência em que os três argumentos reacionários tenderam a surgir. Há razões para acreditar, antes de mais nada, que em geral a ameaça será invocada antes da perversidade. A alegação da ameaça pode ser feita assim que uma nova política é proposta ou adotada oficialmente, enquanto o argumento da perversidade surgirá, normalmente, só depois que se tiverem acumulado alguns resultados infelizes da nova política. Quanto ao argumento da futilidade, é provável que desponte ainda mais tarde: tal como salientamos no início do Capítulo 3, é preciso certa distância dos acontecimentos para que alguém afirme que um grande movimento social não passou de muito barulho a troco de nada. Daí a sequência temporal "lógica", talvez a mais provável, para que os diversos argumentos surjam a propósito de uma dada reforma é: ameaça, perversidade, futilidade. Várias circunstâncias podem, é claro, provocar desvios desse padrão, tal como veremos em breve.

O quadro recapitula de que maneira é possível dar conta das posições dos principais porta-vozes "reacionários", e como estas podem ser enquadradas no esquema intelectual proposto. Seria com certeza temerário da minha parte pretender ter esgotado o assunto. Posso não ter percebido uma figura importante aqui ou um argumento substancial ali, precisamente porque nenhum se enquadrava no meu esquema.* Neste estágio, no entanto, sinto-

---

* Não é "preconcebido", adjetivo que é muitas vezes — e muitas vezes corretamente — usado em conjunção com o termo "esquema". Formulei minhas três teses *depois* de passar mais de um ano imerso em Burke, Maistre, Le Bon, Mosca, Hayek, Murray e outros. Para dizer a verdade, depois que me aferrei à minha tríade, as leituras posteriores serviram antes de mais nada para confirmar o esquema, que a partir de então, provavelmente, acabou assumindo o seu papel usual de fechar o autor a outras percepções.

-me mais seguro de que tenha realizado um levantamento toleravelmente abrangente do que quando comecei e declarei (meio de brincadeira, é claro) que estava me limitando a três argumentos unicamente, em prol da simetria com os três episódios que estava prestes a examinar.

As três categorias de perversidade, futilidade e ameaça são com efeito mais exaustivas do que parecem à primeira vista. Quando uma política ou "reforma" pública é empreendida e depois enfrenta problemas ou é vista como um fracasso por alguns críticos, essa avaliação negativa só pode ser de fato atribuída a dois motivos básicos:

1. considera-se que a reforma não cumpriu sua missão — a perversidade e a futilidade são duas versões estilizadas desse rumo dos acontecimentos;

2. considera-se que os gastos feitos e as consequências desencadeadas pela reforma pesam mais que seus benefícios — boa parte desse (vasto) território é coberta pelo argumento da ameaça, tal como foi mostrado no começo do Capítulo 4.

Em outras palavras, pode-se esperar que as três teses, afinal de contas, cubram o grosso dos ataques retóricos a cuja análise me dediquei.

O quadro atesta esse fato. Ele constitui a recompensa final dos meus esforços no sentido de ordenar o difuso mundo da retórica reacionária, e de mostrar de que maneira tal retórica reproduz-se de um episódio para o outro. Confesso obter uma considerável satisfação íntima ao contemplar o quadro. Felizmente ele tem também outros usos; facilita e estimula a investigação de algumas interações e inter-relações entre os vários pontos de vista que foram discutidos, em grande parte isolados uns dos outros.

Explorar essas interações é a principal tarefa das páginas que se seguem. Até aqui, o quadro foi explicado na direção horizontal, e cada tese foi acompanhada ao longo dos três episódios, em uma tentativa de entender suas variações, evolução e natureza. Como o quadro pode ser lido também no sentido vertical, é tentador focalizar agora cada um dos avanços ou episódios progressistas sob a luz das críticas muito diferentes que emergiram. Quando isso tiver sido feito, desencadeará uma série de perguntas simples: qual dos argumentos teve mais peso durante cada episódio, e, por fim, em todos? Em que medida os vários argumentos solaparam um ao outro ou, ao contrário, em que medida reforçaram-se mutuamente? Qual foi a sequência temporal verdadeira — distinta da sequência "lógica" — em que os argumentos fizeram sua aparição? Essas questões já surgiram ocasionalmente ao longo dos capítulos precedentes, mas serão aqui apresentadas, ainda que brevemente, de maneira mais sistemática.

A INFLUÊNCIA RELATIVA DAS TESES

Vejamos, antes de mais nada, a questão dos pesos ou influências relativas a serem atribuídas às várias teses. As respostas só podem basear-se em juízos altamente subjetivos, e os meus estão implícitos no tratamento anterior. Ao recordá-los, começo com o episódio mais recente, relativo ao ataque contra o que foi no passado a provisão pública aos pobres e é hoje conhecido como Welfare State. O argumento mais influente foi o de que a assistência aos pobres serve meramente para gerar mais pobreza — a acusação de perversidade. É interessante notar que esta é a linha de ataque mais antiga, e também a mais recente, envolvendo desde Mandeville e Defoe até o recente best-seller de Charles Murray. Um valioso papel auxiliar, mas certamente subsidiário, foi representado pela alegação de futilidade, segundo a qual grandes porções dos fundos ostensivamente destinados a aliviar a pobreza acabam nos bolsos da classe média.

Surpreendentemente, o argumento menos efetivo contra o Welfare State foi talvez a tese da ameaça, que alega que as disposições de assistência social constituem um perigo para as liberdades individuais e para uma sociedade democrática que funcione como deve. Nas democracias ocidentais de bases mais sólidas, esse argumento não obteve credibilidade, exceto em alguns períodos — por exemplo, nos anos 1970 — em que as instituições democráticas em diversos países importantes pareciam estar atravessando crises convergentes.

Será que o efeito perverso ocupa uma posição de destaque parecida nos outros dois episódios? Este é certamente o caso no que se refere à Revolução Francesa e à proclamação dos Direitos do Homem. Em grande parte devido à dinâmica espetacular da Revolução, a ideia de que as tentativas radicais de refazer a sociedade estão fadadas a sair pela culatra esteve desde então profundamente enraizada no inconsciente coletivo. A demonstração feita por Tocqueville de que a Revolução não trouxe, nem de perto, tantas mudanças quanto ela mesma proclamava (e pelas quais costuma ser creditada) e sua afirmação correlata de que muitas das mudanças sociais e políticas significativas já estavam ocorrendo sob a monarquia solaparam de forma muito mais sutil o prestígio e a popularidade da Revolução. As especulações dele são fascinantes para o historiador social e econômico moderno, ainda que apenas por ele ter suscitado a questão "contrafatual" de se a França teria se transformado em uma nação moderna *sem* a Revolução. No entanto só há pouco tempo sua obra teve o reconhecimento merecido, e ainda hoje a Revolução continua a ser discutida principalmente (e cansativamente) nos termos maniqueístas tradicionais, com pouca atenção às questões levantadas por Tocqueville.

Para terminar, o argumento da ameaça nunca foi explicitado contra a Revolução Francesa, e a razão é simples: os eventos revolucionários vieram com tal rapidez, e varreram as estruturas preexistentes de tal maneira, que não houve, literalmente, nenhum tempo para determinar se existia alguma coisa no Antigo Regime que valesse a pena preservar.

Há nisso uma diferença básica em relação ao episódio que resta discutir. No impulso em direção ao sufrágio universal e aos métodos democráticos de governo durante o século XIX, o peso relativo desses três argumentos é muito diferente. Por muito tempo, a discussão básica girou em torno da alegada incompatibilidade da democracia com a liberdade, e do temor de que os novos direitos políticos prejudicassem realizações anteriores, tal como foi ilustrado pelos debates acerca dos dois Reform Bills de 1832 e 1867, na Inglaterra. De forma mais geral, as preocupações reais ou imaginárias acerca da "tirania da maioria" mantiveram o argumento da ameaça com vida, mesmo depois que a batalha pelo sufrágio universal já havia sido definitivamente vencida. A tese da perversidade, por outro lado, não ocupa um lugar muito proeminente nos ataques contra a democracia. O argumento de Le Bon sobre a transformação da democracia em ditadura burocrática teve um impacto consideravelmente menor que o ataque de Mosca e Pareto à democracia como simulacro e cortina de fumaça para a plutocracia e para um novo tipo de governo das elites. Em outras palavras, a tese da futilidade teve um importante papel nas discussões, juntamente com o argumento da ameaça, enfraquecendo o apoio à democracia principalmente nos países — Alemanha e Itália, mas também a França — em que as liberdades individuais não estavam firmemente estabelecidas antes do advento do sufrágio, e onde o argumento da ameaça, portanto, não era particularmente válido ou persuasivo.

Em resumo, cada uma das três teses tem seu próprio domínio de influência especial. Não tem muito sentido ir além dessa constatação e tentar estabelecer uma hierarquia geral das três teses em termos de importância histórica. Se procedêssemos assim, é provável que a alegação de perversidade fosse proclamada a "vencedora", como a arma isolada mais popular e efetiva nos anais da retórica reacionária.

A discussão precedente comparou a influência política das três teses. Se, em vez disso, elas fossem avaliadas em termos de mérito, acuidade ou sofisticação intelectual, a classificação seria provavelmente bem diferente. No texto precedente, cheguei a fazer comparações desse tipo, como quando disse que a tese da futilidade é uma crítica mais insultante da reforma que a da perversidade. Todavia não vejo muito sentido em fazer um concurso formal de beleza, inteligência ou malevolência.

ALGUMAS INTERAÇÕES SIMPLES

A próxima questão a ser explorada com a ajuda do quadro sinóptico é a da compatibilidade mútua dos diferentes argumentos. Mais uma vez, o foco principal deve ser colocado mais sobre as colunas que sobre as fileiras da tabela: é interessante indagar se quando um dos três argumentos é levantado contra, digamos, o Welfare State, ele é reforçado ou solapado (ou não é afetado) pelo uso simultâneo ou prévio de qualquer dos outros dois. Antes disso, porém, quero examinar brevemente as fileiras com uma única questão em mente: em que medida cada argumento é reforçado ou enfraquecido pelo fato de um argumento semelhante ter sido usado em um episódio anterior? As respostas devem ter ficado aparentes nos três primeiros capítulos, que seguiram a tabela na sua direção horizontal, contando a história das três encarnações sucessivas de cada uma das três teses.

A medida em que a apresentação de um dado argumento, durante um episódio histórico, é proveitosa para esse mesmo argumento em uma fase subsequente depende em grande parte do prestígio que acumulou em virtude do seu uso anterior. O efeito perverso, por exemplo, foi formulado e extensivamente elaborado na esteira da Revolução Francesa, como foi mostrado no Capítulo 2. A natureza espetacular e imponente dos eventos dos quais foi destilado o efeito perverso dotou o princípio de considerável autoridade, e ele foi depois aplicado a um grande número de episódios subsequentes de elaboração de programas de governo — da extensão do direito de voto (Le Bon) à construção de moradias de baixo custo (Forrester) e ao uso obrigatório de cintos de segurança (Peltzman). Nesses casos, porém, com frequência o argumento da perversidade foi muito menos efetivo, por serem as circunstâncias das tomadas de decisão vastamente diferentes das que prevaleceram durante a Revolução.

Essa experiência fornece ilustrações sucessivas a duas máximas contraditórias. Primeiramente, o fato de a tese da perversidade aplicar-se a uma ampla gama de experiências de implementação de políticas sugere que "nada faz mais sucesso que o sucesso". Com o tempo, no entanto, à medida que a aplicação mecânica da tese vai fazendo com que surjam explicações cada vez menos satisfatórias da realidade, parece mais que "nada fracassa mais que o sucesso" — de um novo ponto de vista, a tese da perversidade transforma-se em uma resposta automática, que bloqueia o entendimento. Isso nos lembra a famosa observação de Marx no *Dezoito Brumário de Luís Bonaparte*, segundo a qual quando a história se repete, o que surge primeiro na forma de tragédia vem da próxima vez como farsa.[1] Nesse caso, a implicação é dupla: 1. o segundo evento deve muito ao fato de o caminho ter sido aberto pelo primeiro, e 2. seu caráter imitativo, derivativo e epigônico é responsável pela sua natureza "farsesca". Talvez seja mais provável que essa regularidade se encontre mais na história das ideias que na dos fatos. Isso é bem visível nas nossas histórias; por exemplo, na maneira como a Lei de Director, tal como foi exposta por George Stigler, descende, em mais de um sentido desse termo, da Lei de Pareto, que reivindicava para o seu achado o direito genuíno de ser levado a sério como proposição científica.*

Isso dá conta das situações em que uma tese granjeia prestígio, como resultado da sua primeira aparição e encontro com a realidade social. Em contraste, o que acontece quando uma tese "reacionária" não têm muito êxito ao ser afirmada pela primeira vez? Um exemplo é a tese da ameaça, que foi vigorosamente afirmada durante os debates acerca dos Reform Bills ingleses de 1832 e 1867. Os projetos foram aprovados, e o desastre amplamente anunciado — a morte da liberdade na Inglaterra — não ocorreu. Consequentemente, era de se esperar que o argumento da ameaça ficasse desacreditado por algum tempo, e isso parece ter sido o que de fato aconteceu, pois o argumento não foi usado de maneira substancial durante os debates do Reform Bill seguinte em 1884. Um "intervalo decente" foi preciso para que a tese voltasse a ser invocada — quase oitenta anos separam os solenes alertas de Robert Lowe quanto à perda iminente da liberdade, nos debates de 1866 em torno do Second Reform Bill, dos alarmes semelhantes de Hayek em *The road to serfdom*, de 1944.

---

* Esta é a segunda vez que vejo uma famosa generalização ou um conhecido aforismo sobre a história dos *eventos* ser mais correto quando aplicado à história das *ideias*. A primeira vez foi em relação ao famoso dito de Santayana, segundo o qual os que não aprendem com a história estão condenados a repeti-la. Generalizando sobre a firme base dessa amostra de dois casos, fico tentado a formular uma "metalei": as "leis" históricas que, supostamente, proporcionam uma nova visão da história dos eventos permanecem de fato na história das ideias. Apresento algumas das razões pelas quais isso acontece ao me referir ao aforismo de Santayana em *The passions and the interests* (Princeton, Princeton University Press, 1986), p. 133.

Vou dedicar-me agora às interações que deveriam ser as mais interessantes: as que ocorrem ao longo das *colunas* do quadro, entre argumentos *diferentes*. O exemplo mais marcante dessas interações, a incompatibilidade lógica e, ao mesmo tempo, a atração mútua entre os argumentos da perversidade e da futilidade, já foi discutido no terceiro capítulo. Resta apenas fazer uma afirmação de caráter geral: a incompatibilidade lógica entre dois argumentos que estão atacando a mesma política ou reforma não quer dizer que ambos não serão usados no mesmo debate, às vezes até pela mesma pessoa ou pelo mesmo grupo.

Os dois outros pares de argumentos — ameaça-perversidade e ameaça-futilidade — são passavelmente compatíveis e poderiam ser postos em campo com facilidade, e talvez eficácia, no combate a uma medida "progressista". Portanto, é de certo modo surpreendente que tais combinações não ocorram com frequência ou regularidade, ao menos não pelo que indica meu levantamento. Talvez isso resulte da questão já observada sobre a sequência temporal: o argumento da ameaça pode ser pronunciado algum tempo antes dos outros dois. Desse modo, os argumentos do tipo ameaça de Hayek e depois de Huntington contra o Welfare State precederam o assalto mais recente de Murray, inteiramente baseado na alegação da perversidade.

Há outras explicações para a aparente falha em invocar conjuntamente dois argumentos compatíveis, que poderiam ser combinados pelos críticos de alguma política ou reforma. Os advogados de um ou outro desses argumentos podem estar simplesmente ocupados demais defendendo suas ideias segundo as linhas da ameaça ou da perversidade-futilidade. Podem sentir, além disso, que enfraqueceriam seu caso, em vez de fortalecê-lo, recorrendo a argumentos demais — do mesmo modo que um suspeito precisa evitar a invocação de álibis em excesso.

Nossa breve discussão sugere um paradoxo interessante:

quando dois argumentos são compatíveis, é pouco provável que sejam colocados em conjunto. Quando são incompatíveis, ao contrário, é bem possível que ambos sejam usados — pela dificuldade, pelo desafio e pelo puro ultraje que isso representa.

UMA INTERAÇÃO MAIS COMPLEXA

Até aqui minha investigação esteve confinada às interações nas fileiras individuais do quadro (por exemplo, o argumento da perversidade de Maistre com respeito à Revolução Francesa foi comparado ao de Forrester com relação ao Welfare State), ou às interações dentro de cada coluna (para as discussões em torno do Welfare State, o argumento da perversidade de Murray foi contraposto ao argumento da futilidade de Stigler). Quero agora examinar a seguinte questão: é concebível que um argumento empregado em um episódio afete a maneira como *outro* argumento é empregado em um episódio *diferente*? Ou, nos termos do quadro, há interações interessantes entre blocos pertencentes a diferentes colunas *e* fileiras?

Antes de focalizar um desses casos, quero recordar brevemente a interação um tanto incomum dentro da mesma coluna que foi encontrada no Capítulo 4. Perto do fim da minha discussão sobre o Reform Bill de 1867, assinalei que o argumento da ameaça contra a ampliação do direito de voto — segundo o qual o sufrágio universal acarretaria o fim da "liberdade" — foi prejudicado por um sentimento difuso, nas elites dominantes, de que não mudaria grande coisa na política inglesa se o Reform Bill viesse a ser posto em prática. Havia até mesmo os que — como Disraeli — achavam que o eleitorado ampliado inclinaria a política para o lado *conservador*. Em outras palavras, o perigo da ameaça, tal como invocado por Robert Lowe, não foi levado a sério por vários agentes, por já estarem sob a influência da tese da futilidade e do seu argumento de que o muito propalado e temido advento da "democracia" seria provavelmente um não evento. Como já vimos no Capítulo 3, James Fitzjames Stephen expressou esse sentimento em 1873, antecipando assim os teóricos da elite do *fin-de-siècle* italiano e seu emprego mais sistemático da tese da futilidade.

Do ponto de vista formal, um traço interessante dessa interação entre a ameaça e a futilidade é que, juntos, os dois argumentos prejudicaram-se ao invés de apoiarem-se um ao outro, em seus respectivos ataques ao sufrágio. A tese da futilidade, que mostra que a democracia é em grande parte um embuste, faz com que seja impossível levar muito a sério a da ameaça, que vê a democracia como um perigo aterrador para a "liberdade".

Obtemos um resultado semelhante se focalizarmos agora a interação entre a mesma tese da futilidade — que zomba da democracia — e a tese da ameaça *seguinte*, que retrata o Welfare State como um perigo para a democracia e a liberdade. É fácil ver como, mais uma vez, o argumento da futilidade sabota as tentativas de proclamar a ameaça. Essa situação é bastante evidente, em particular na Europa continental, onde a segunda e a terceira fases de Marshall (o estabelecimento do sufrágio universal e a construção do Welfare State) sobrepuseram-se consideravelmente. Em outras palavras, o assalto ideológico contra a democracia estava em pleno vigor quando as primeiras medidas importantes de seguro e assistência sociais foram introduzidas. Nessas circunstâncias, os "reacionários" que, basicamente, concordavam com os argumentos contra a democracia acharam difícil e "contra a sua própria natureza" argumentar contra o nascente Welfare State segundo as linhas da tese da ameaça, que, tipicamente, exalta a democracia e alerta sobre os perigos a que esta seria exposta pelo Welfare State.

Sugeri antes que em alguns países, como a Alemanha, o surgimento do Welfare State foi facilitado pelo fato de que o argumento da ameaça não pôde ser fortemente articulado por não estarem ainda estabelecidas e consolidadas as liberdades individuais e as formas políticas democráticas quando as primeiras medidas de assistência social foram introduzidas. Este ponto pode ser reforçado agora. Mesmo que algumas formas democráticas de governo já estivessem estabelecidas, a tese da ameaça pode não ter sido invocada em alguns países contra propostas de bem-estar social porque neles a democracia nunca gozara de um prestígio inconteste, em virtude dos ataques contemporâneos contra ela, baseados nas teses da perversidade e, particularmente, da futilidade. Assim, um argumento reacionário (a futilidade) proposto em uma discussão sobre a democracia solapa ou impede o uso de outro (a ameaça) durante um debate praticamente simultâneo acerca do Welfare State. Ironicamente, tal constelação pode facilitar o surgimento de uma nova reforma. É notável que na Alemanha o Welfare State, que deu seus primeiros e vigorosos passos já na década de 1880 com as leis de seguro social de Bismarck, só tenha se defrontado com determinados críticos apoiados na tese da ameaça em meados do século XX, com figuras neoliberais como Hayek e Wilhelm Röpke.

Até aqui parece que a interação entre o argumento da futilidade em um episódio (a consolidação da democracia) e o argumento da ameaça no episódio seguinte (o estabelecimento do Welfare State) foi notavelmente benigna. A aceitação, por uma parte da opinião pública, do argumento da futilidade dirigido contra a democracia pode manter à distância a poderosa oposição ao Welfare State, que poderia ter se baseado no argumento da ameaça. Essa mesma constelação ideológica, contudo, abriga uma dinâmica inteiramente diferente. O argumento da futilidade contra a democracia pode produzir não apenas a não articulação da tese da ameaça quando o progresso social está em pauta, mas também a articulação ativa de um argumento que é o exato *oposto* da tese da ameaça: se há conflito entre a democracia e o progresso social, vamos em frente com o progresso social, sem nos preocupar com o que aconteça no processo com a democracia, *que de qualquer modo não passa de um embuste, um engodo!* Com exceção da virada de Gorbachev, esta tem sido há muito tempo, é claro, a posição comunista — desde o entusiástico endosso de Lênin à "ditadura do proletariado" em seu panfleto de 1917, *O Estado e a Revolução*.

Para dizer a verdade, essa expressão tem origem em Marx e em sua "Crítica do programa de Gotha", de 1875, mas foi de fato Lênin que lhe deu destaque e lhe prestou vassalagem como prova de ortodoxia bolchevique. Ao fazê-lo, é provável que ele não estivesse sendo influenciado apenas por Marx, mas também pelo descrédito lançado à democracia "plutocrática", ou "burguesa", ou "formal" por contemporâneos de prestígio como Georges Sorel, Pareto, Michels e inúmeros outros detratores da democracia e praticantes do argumento da futilidade.*

---

* Tem havido um longo debate sobre as origens do pensamento de Lênin, e ele mesmo estabeleceu os termos para esse debate ao proclamar-se um seguidor fiel e estrito de Marx. Os que se recusaram a aceitar a sua palavra nesse assunto tentaram então mostrar que, mesmo que ele próprio desconhecesse, seu pensamento estava na verdade ligado a outras tradições intelectuais, mais remotas e, contudo, poderosas. Nos termos colocados por Nicolas Berdyaev, por exemplo, em *The origins of Russian communism* [As origens do comunismo russo] (Nova York, Scribner's, 1937), o comunismo russo não é senão uma "transformação e deformação do velho ideal messiânico russo" (p. 228). Ver também David W. Lowell, *From Marx to Lenin* [De Marx a Lênin] (Cambridge, Cambridge University Press, 1984), pp. 12-4.

Com o debate alternando-se entre esses dois polos, ambos apontando para influências do passado, uma terceira possibilidade foi negligenciada por inteiro: Lênin, que por vários anos residiu na Suíça e em outros países da Europa ocidental, pode muito bem ter sido influenciado pela atmosfera intelectual

A interação entre o argumento da futilidade dirigido contra a democracia e a tese da ameaça em suas várias formas (inclusive a inversa) tem sido, portanto, profundamente ambivalente: facilitou a emergência do Welfare State em alguns países; em outros, contribuiu para a crença de que a perda ou o abandono da democracia é um preço insignificante a pagar pelo progresso social.

---

europeia *contemporânea*, com sua hostilidade virulenta e visceral contra a democracia. Essa atmosfera, tal como foi exemplificada pelos escritos de Pareto, Sorel e muitos outros, foi com frequência julgada responsável pela ascensão do fascismo. É provável que ela mereça um crédito mais amplo.

6. Da retórica reacionária à retórica progressista

Os "reacionários" não têm o monopólio da retórica simplista, peremptória e intransigente. É provável que seus equivalentes "progressistas" se deem tão bem quanto eles nesse campo, e um livro parecido com este poderia ser escrito sobre os principais argumentos e posições retóricas que esse pessoal vem assumindo ao longo dos dois últimos séculos na defesa de *seu* legado. Não foi esse o livro que decidi escrever, mas é provável que boa parte do repertório da retórica progressista ou liberal possa ser *gerada* a partir das várias teses reacionárias descritas aqui, virando-as do avesso, pondo-as de cabeça para baixo ou mediante outros truques do mesmo gênero. Tentarei agora explorar esse ganho inesperado da minha pesquisa anterior.

A ILUSÃO DA SINERGIA E A TESE DO PERIGO IMINENTE

É provável que o sucesso da operação varie de uma tese à outra. A mais promissora parece ser a da ameaça, cuja aptidão para a metamorfose já se manifestou, tanto no início do Capítulo 4, em que mostrei que é o oposto de um argumento que demonstra como duas reformas sucessivas reforçam uma à outra, quanto nas últimas poucas páginas, em que uma forma específica de tese da ameaça transmutou-se subitamente em um argumento a favor da ditadura do proletariado. Essa transmutação, porém, baseou-se em uma total inversão dos valores subjacentes. A premissa da tese da ameaça, tal como usada para combater as provisões do Welfare State, é o alto valor atribuído à liberdade e à democracia. Enquanto prevalecer esse valor é provável que qualquer argumento convincente no sentido de que a democracia ou a liberdade é posta em perigo por alguma reforma social ou econômica recentemente proposta tenha muito peso. Quando os valores básicos mudam de forma radical (como consequência, digamos, da crítica corrosiva da democracia feita pela tese da futilidade), não é de estranhar que a preocupação com a ameaça seja superada por algo bem diferente — no caso, a defesa da ditadura do proletariado com o propósito de realizar uma mudança social radical.

Tal defesa é, portanto, a imagem especular da tese da ameaça: a suposição comum a ambas as posições é a incompatibilidade da democracia e da liberdade, por um lado, com avanço social, pelo outro. Os defensores da tese da ameaça acham que o avanço social deveria ser abandonado para preservar a liberdade, enquanto os partidários da ditadura do proletariado fazem a escolha oposta.

Uma transformação bem diferente da tese da ameaça resulta quando se abandona a suposição de *incompatibilidade*, substituindo-a pela ideia mais animadora não só de compatibilidade como de apoio mútuo.

A antítese que se segue à tese da ameaça foi discutida com alguma profundidade no Capítulo 4. Foi ali demonstrado que, enquanto os advogados do argumento da ameaça buscam todo conflito concebível entre uma reforma recentemente proposta e melhoramentos e realizações anteriores, os observadores progressistas concentram-se nas razões pelas quais uma reforma nova e outra antiga terão uma interação positiva e não negativa. A propensão a argumentar a favor dessa espécie de interação afortunada e positiva, ou, tal como a chamo, *apoio mútuo*, é uma das marcas registradas do temperamento progressista. Os progressistas estão eternamente convencidos de que "todas as boas coisas vêm juntas",* em contraste com a mentalidade de soma zero, *ceci tuera cela* dos reacionários. Por baixo de suas diferentes mentalidades, progressistas e reacionários com frequência sustentam, é claro, valores totalmente diferentes. Tal como sabemos, porém, com frequência os reacionários argumentam como se estivessem basicamente de acordo com os elevados objetivos dos progressistas; eles "apenas" salientam que, "infelizmente", não é provável que as coisas se deem de maneira tão tranquila quanto acreditam seus "ingênuos" adversários.

Foi mostrado que as alegações da ameaça e do apoio mútuo eram "dois exemplos limitadores e igualmente irrealistas" das muitas maneiras pelas quais é provável que uma nova reforma entre em interação com outra mais antiga. Os reacionários exageram os danos que qualquer nova ação ou intervenção causará à

---

* O papel desse conceito no pensamento liberal sobre o desenvolvimento econômico e político é enfatizado em *Liberal America and the Third World* [A América liberal e o Terceiro Mundo], de Robert A. Packenham (Princeton, Princeton University Press, 1973). Trata-se, é claro, de uma ideia antiga, que pode ser encontrada entre os gregos, segundo a qual existe harmonia, e até identidade, entre diversas qualidades desejáveis como o bom, o belo e o verdadeiro. Uma célebre expressão dessa ideia está na "Ode on a Grecian Urn", de Keats: "Beauty is truth, truth beauty".

reforma mais antiga, enquanto os progressistas têm excessiva confiança em que todas as reformas são mutuamente solidárias, mediante o que eles gostam de chamar de "princípio da sinergia". Pode-se de fato designar a tendência dos progressistas a exagerar nessa linha de argumentação de "ilusão da sinergia".

O que não quer dizer que os progressistas nunca se deem conta de qualquer problema, mas apenas que, tipicamente, estão mais atentos aos perigos da *inação* que aos da ação. Aqui aparece o esboço de mais uma transformação da tese da ameaça. O argumento da ameaça sublinha os perigos da ação e a ameaça às realizações do passado que a ação traz consigo. Uma forma oposta de preocupar-se com o futuro seria perceber todos os tipos de ameaça e perigo iminentes, e advogar uma *ação* vigorosa para evitá-los.

Por exemplo, ao apelar em prol do Reform Bill de 1867, Leslie Stephen, o irmão progressista do conservador James Fitzjames Stephen mencionado no Capítulo 3, argumentou que, na ausência de uma reforma, as massas recorreriam a formas de protesto infinitamente mais perigosas que o voto para a ordem estabelecida. Ele via o voto como um meio de dirigir as energias populares para canais relativamente inócuos, e para deslegitimar as formas mais perigosas de protesto popular, tais como greves e tumultos.[1] Assim, a tese da ameaça foi elegantemente virada do avesso: *não* aprovar o Reform Bill, ao invés de aprová-lo, é que foi apresentado como um perigo para a lei, a ordem e a liberdade.

Do mesmo modo, as ameaças de dissolução social e de radicalização das massas foram muitas vezes citadas como argumentos de peso em favor da instituição de provisões de bem-estar social. Na área da redistribuição internacional de renda e riqueza, a ameaça "iminente" do comunismo tem sido invocada com frequência desde a Segunda Guerra, para argumentar a favor da transferência de recursos dos países mais ricos para os mais pobres. Em todas essas situações, os defensores de uma dada política sentiram que não bastava argumentar a favor dela com base no fato de ela ser *justa*; para maior efeito retórico, eles alegavam que a política era imperativa para manter à distância algum desastre ameaçador.

O argumento, que pode ser chamado de *tese do perigo iminente*,* tem duas características essenciais em comum com seu oposto, a tese da ameaça. Antes de mais nada, ambas olham para apenas uma categoria de perigo ou risco quando um programa novo é discutido: o campo da ameaça conjura exclusivamente os perigos da ação, enquanto os partidários do perigo iminente concentram-se por inteiro nos riscos da inação.** Em segundo lugar, ambos os campos apresentam seus cenários respectivos — os danos que serão causados pela ação ou pela inação — como se fossem inteiramente certos e inevitáveis.

Desses exageros e ilusões comuns da retórica reacionária *e* da progressista, é possível derivar, em contraste com ambas, dois ingredientes do que poderia ser chamado de uma posição "madura":

1. Há perigos e riscos tanto na ação quanto na inação. Os riscos de ambas devem ser descobertos, avaliados e evitados na medida do possível.

2. As consequências perniciosas da ação e da inação nunca podem ser conhecidas com a certeza afetada pelos dois tipos de alarme disparados pelas Cassandras com as quais estamos acos-

---

* Em um contexto correlato, escrevi antes sobre a "visão lúgubre geradora de ação". Ver *A bias for hope: essays on development and Latin America* (New Haven, Yale University Press, 1971), pp. 284, 350-3.

** Posando de conservador obcecado com os perigos da ação, Cornford ironiza habilmente a forma displicente em que uma pessoa assim pode descartar o perigo oposto: "É um mero paradoxo de teórico dizer que não fazer nada tem tantas consequências quanto fazer alguma coisa. É óbvio que a inação não pode ter qualquer consequência". Em *Microcosmographia academica* (Cambridge, Bowes & Bowes, 2ª ed., 1922), p. 29.

tumados. Quando se trata de prever infortúnios e desastres iminentes, é bom lembrar o ditado *Le pire n'est pas toujours sûr* — o pior nem sempre é certo (de acontecer).*

"TER A HISTÓRIA DO NOSSO LADO"

As transformações da tese da ameaça renderam duas posições "progressistas" típicas: a falácia sinergista sobre a relação sempre harmônica e mutuamente solidária entre as reformas novas e as antigas, e o argumento do perigo iminente a favor da necessidade de seguir em frente com novas reformas, evitando, assim, os perigos que se correria na ausência delas.

Seguindo o texto precedente na ordem inversa, agora é a vez da tese da futilidade gerar uma posição progressista correspondente. A essência dessa tese era a afirmação de que certas tentativas humanas de efetuar mudanças estão fadadas a fracassar totalmente, por se chocar com o que Burke chamava de "eterna constituição das coisas", ou, na linguagem do século XIX, com as "leis", ou, melhor ainda, as "leis de ferro" que regem o mundo social, nas quais, simplesmente, não se pode mexer: no nosso estudo, os autores ou descobridores de tais leis vão de Pareto a Michels e a Stigler-Director.

As chamadas leis que suportam a tese da futilidade têm uma característica comum: revelam alguma regularidade até então oculta que rege o mundo social e lhe confere *estabilidade*. Tais leis pare-

---

* Esta expressão é o subtítulo da peça *Le soulier de satin* [O sapato de cetim], de Paul Claudel, em que servia para afirmar a possibilidade de salvação da forma mais atenuada possível. Claudel tomou-a sem dúvida do espanhol *No siempre lo peor es cierto*, título de uma comédia de Calderón de la Barca. Hoje em dia a frase é usada com bastante frequência na França — tornou-se "proverbial".

cem ter sido feitas sob encomenda para frustrar os que querem mudar a ordem existente. O que aconteceria se fossem descobertos outros tipos de lei que sustentassem o desejo de mudança? Seriam leis do *movimento* que assegurariam aos cientistas sociais a feliz garantia de que o mundo está se movendo "irrevogavelmente" na direção que eles advogam.

A história da ciência social poderia efetivamente ser escrita em termos da busca desses dois tipos de lei. Aqui, um esboço breve deve bastar.

Desde que as ciências naturais propuseram leis que regem o universo físico, os pensadores da sociedade humana dedicaram-se à descoberta de leis gerais que governam o mundo social. O que os economistas, desta vez sob a influência de Freud, começaram a chamar de "inveja da física" na disciplina deles é há muito uma característica de todas as ciências sociais. Essa aspiração encontrou uma das suas primeiras expressões na afirmação de que o conceito de "interesse" proporciona uma chave para o entendimento e a previsão do comportamento humano e social. Essa convicção já estava bem difundida no século XVII, e passou para o século XVIII, quando Helvétius escreveu, triunfante: "Assim como o universo físico é regido pelas leis do movimento, o universo moral é regido pelas leis do interesse".[2]

O paradigma do interesse encontrou sua aplicação mais elaborada e proveitosa na construção da nova ciência da economia. Nesse caso, ele foi usado tanto para elucidar os princípios virtualmente atemporais, subjacentes aos processos econômicos básicos de troca, produção, consumo e distribuição, *como* para entender as mudanças sociais e econômicas específicas que estavam visivelmente em ação na segunda metade do século XIX. Ambos os esforços coexistiram pacificamente durante algum tempo. Por exemplo, em *A riqueza das nações*, de Adam Smith, o livro 3, de orientação histórica, sobre o "Progresso e opulência diferentes em nações diferentes", é uma continuação sem rupturas dos dois primeiros, cuja ampla análise dos processos econômicos, sem ser totalmente abstrata, está muito menos ligada a questões temporais.

Depois, no século XIX, estabeleceu-se certa divisão de tarefas entre os cientistas sociais que buscavam leis. Com as mudanças sociais e econômicas tornando-se cada vez mais espetaculares na Europa ocidental, alguns deles especializaram-se, por assim dizer, em encontrar leis para esses processos dinâmicos. Talvez tenham sido estimulados e atraídos para o empreendimento pelo lugar excepcionalmente prestigioso que a mecânica de Newton ocupava havia muito nas ciências naturais. Helvétius, por exemplo, referia-se obviamente a essas "leis do movimento" e as tratava como se fossem as únicas, dentre todas as realizações científicas da época, dignas de nota em geral, e de emulação pelos pensadores do "universo moral" em particular. Um século depois seu apelo foi ouvido. A asserção da qual Marx mais se orgulhava — expressa em seu melhor momento, no prefácio ao *Capital* — foi a de ter de fato "encontrado a pista" do que viria a chamar precisamente de "lei do movimento econômico [*Bewegungsgesetz*] da sociedade moderna", praticamente se designando, assim, como o Newton das ciências sociais.

As reações a essa asserção não se fizeram esperar. Foi muitas vezes mostrado de que maneira, na segunda metade do século XIX, a descoberta por Jevons, Menger e Walras do marginalismo como uma nova fundação para a análise econômica segundo linhas fisiopsicológicas bastante genéricas da natureza humana pode ser vista como uma resposta ao esforço de Marx para relativizar o conhecimento econômico, para restringir a validade de qualquer conjunto de "leis" econômicas a um dado "estágio" das "relações de produção". Outro assalto contra a alegação marxiana de ter descoberto as "leis do movimento" da sociedade contemporânea veio de Mosca e Pareto, que afirmaram que certas estruturas econômicas e sociais "profundas" (a distribuição de renda e poder) eram muito mais invariantes do que Marx jamais percebera. Essa afirmação virou a mesa dos marxistas: de repente, *eles* eram os pensadores rasos, com sua crença de tipo iluminista na maleabilidade da sociedade frente a eventos "superficiais", fossem estes reformas ou mesmo revoluções.

Já deve ter ficado claro qual é o propósito desta breve excursão pela história intelectual. Se a essência da tese "reacionária" da futilidade é a *invariância*, como uma lei natural, de certos fenômenos socioeconômicos, seu equivalente "progressista" é a afirmação da existência de um movimento para a frente, ou *progresso, também com caráter de lei*. O marxismo foi simplesmente o corpo de pensamento que declarou com mais autoconfiança o caráter de lei, inevitável, de um determinado movimento para a frente da história humana, mas inúmeras outras doutrinas também alegaram ter achado a pista de uma ou outra lei histórica do desenvolvimento. Qualquer proposição de que as sociedades humanas passam necessariamente por um número finito e idêntico de *estágios* ascendentes é parenta próxima, do lado progressista, do que foi descrito aqui como a tese reacionária da futilidade.

A afinidade básica entre as duas teorias aparentemente opostas é demonstrada pelo modo como a linguagem da futilidade é comum a ambas. Marx é uma excelente testemunha disso. Imediatamente após ter proclamado a descoberta da "lei do movimento", ele escreveu no seu prefácio que a sociedade moderna "não pode passar por cima das fases naturais (*naturgemässe*) do desenvolvimento, nem aboli-las por decreto. A futilidade, tal como é exposta pelo cientista social com conhecimento privilegiado das chamadas leis do movimento, consiste nesse caso na tentativa de mudar ou impedir a operação dessas leis, ao passo que, em Pareto e Stigler, a futilidade nasce correspondentemente do vão esforço de alterar alguma *constante* básica.

Uma das objeções mais frequentes ao sistema marxiano e a ideias semelhantes de progresso inevitável — pois nesse sentido o marxismo não é mais que o herdeiro do Iluminismo — é que parecem deixar pouco espaço para a ação humana. Enquanto a futura transformação da sociedade burguesa for dada como certa, qual é o sentido de ajudar a empurrar? Esta é uma forma inicial do que ficou depois conhecido como o problema do *free rider* e, tal como acontece com esse argumento apenas ligeiramente mais sofisticado, não é nem de perto tão problemático quanto parece. O próprio Marx antecipou o argumento assinalando, mais uma vez no prefácio do *Capital*, que trabalhar pela revolução "inevitável" ajudaria a acelerá-la e a diminuir seus custos. De modo mais geral, as pessoas sentem-se mais confortáveis e poderosas com a confiança, por mais vaga que seja, de que *a história está do seu lado*. Esse conceito foi um sucessor típico, no século XIX, da convicção anterior, muito desejada por todos os combatentes, de que *Deus* estava do lado deles. Ninguém jamais sugeriu, que eu saiba, que tal convicção pudesse enfraquecer o espírito de luta de alguém. De maneira similar, o ativismo foi estimulado pela ideia de que os agentes eram respaldados por uma lei do movimento histórico, e este foi de fato o intento dos proponentes dessa interpretação. Para sua contrapartida reacionária — a tese da futilidade — vale uma história correspondente: tomado ao pé da letra, esse argumento desencoraja radicalmente a ação humana, e uma vez mais isso é exatamente o que seus expoentes desejavam alcançar.

CONTRAPARTIDAS DA TESE DA PERVERSIDADE

Tanto para a tese da ameaça quanto para a da futilidade, a transformação da retórica reacionária no seu oposto resultou em tipos (ou estereótipos) de retórica progressista — da ilusão sinergista à crença de ter a história do seu lado — que, apesar de não serem totalmente desconhecidos, enriquecem mesmo assim nosso entendimento do que é essa retórica. Há dúvidas sobre se esse feito pode ser repetido com a tese da perversidade. O efeito perverso ocupa um lugar tão central no mundo da retórica reacionária que seu inverso deve levar-nos diretamente de volta para o que todos já sabem a respeito da mentalidade progressista típica. Essa questão fica mais bem demonstrada em conjunção com os vários discursos sobre o evento progressista paradigmático da história moderna, a Revolução Francesa.

A posição reacionária consiste em proclamar a ampla incidência do efeito perverso. Portanto, os reacionários recomendam extrema cautela na remodelação das instituições existentes e na execução de políticas inovadoras. A contrapartida progressista dessa posição é atirar a cautela para o alto, desconsiderar não só a tradição como também todo o conceito das consequências involuntárias da ação humana, resultem elas ou não em perversidade: os progressistas estão sempre dispostos a moldar e remoldar a sociedade à vontade, e não têm nenhuma dúvida quanto à própria capacidade de controlar os acontecimentos. Essa propensão à engenharia social em larga escala foi na verdade uma das características marcantes da Revolução Francesa. Saudada pelo jovem Hegel como uma "aurora magnífica", a pretensão da Revolução a construir uma nova ordem social de acordo com princípios "racionais" logo foi denunciada como desastrosa por críticos contemporâneos, que invocavam o argumento da perversidade. Mais tarde, Tocqueville usou um tom um tanto zombeteiro ao associar o empreendimento revolucionário a uma tentativa de moldar a sociedade segundo esquemas livrescos inventados pelas *gens de lettres* do Iluminismo.

Quando se estuda a história da nossa revolução, vê-se que ela foi conduzida no mesmo espírito que preside muitos livros abstratos sobre os princípios de governo. A mesma atração pelas teorias gerais, sistemas completos de legislação e exata simetria das leis; o mesmo desprezo pelos fatos existentes; a mesma confiança na teoria; o mesmo gosto pelo que é original, inventivo e inovador na concepção das instituições; a mesma inclinação a refazer simultaneamente a constituição inteira seguindo as regras da lógica e um plano único, em vez de emendar as suas partes. Um espetáculo assustador![3]

A afirmação da necessidade de reconstruir do zero a sociedade segundo os ditames da "razão" (ou do que alguém julga que a "razão" ordena) é, portanto, a tese contra a qual o argumento da perversidade surgiu como antítese. Em um grau considerável e surpreendente, porém, a tese sobreviveu à antítese. De fato, nunca houve uma explicação adequada de por que o pensamento utópico floresceu de modo tão abundante e extravagante no século XIX, *depois* das dilacerantes experiências da Revolução Francesa e da subsequente formulação explícita da tese da perversidade.[4]

O que de fato aconteceu foi que a crítica burkiana da Revolução Francesa levou a uma *escalada* da retórica revolucionária e progressista. Um componente essencial do pensamento de Burke era sua afirmação, baseada, antes de mais nada, na experiência histórica inglesa, de que as instituições existentes incorporavam boa parte da sabedoria evolucionária coletiva e eram, além disso, capazes de evoluir gradualmente. Para que essa objeção conservadora fundamental à mudança radical fosse invalidada, foi necessário argumentar que a história inglesa era muito especial e privilegiada, que há países sem nenhuma tradição de liberdade, nos quais as instituições existentes estão podres de ponta a ponta. Em tais condições, não há alternativas para a demolição do velho combinada com uma reconstrução abrangente da sociedade política e da ordem econômica, por mais arriscado que tal empreendimento possa ser em termos de desencadeamento de efeitos perversos.

Burke foi criticado desse modo já em 1853 pelo escritor liberal francês Charles de Rémusat:

> Se os eventos, em sua fatalidade, foram tais que um povo não encontra, ou não sabe encontrar, seus próprios direitos [*titres*] em seus anais, se nenhuma época da sua história deixou para trás uma boa memória nacional, então todas as morais e todas as arqueologias possíveis de ser mobilizadas não serão capazes de dotar esse povo com a fé que lhe falta, nem com as atitudes que tal fé poderia ter forjado... Se para ser livre é preciso tê-lo sido no passado, se é preciso ter tido um bom governo para aspirar a ter um hoje ou *se pelo menos é preciso imaginar ter tido essas duas coisas*, então esse povo está imobilizado pelo seu próprio passado, e seu futuro está predeterminado; e há nações condenadas a permanecer para sempre no desespero.[5]

Nessa passagem notável, Rémusat afirma não somente que há situações e países em que a reverência burkiana pelo passado está totalmente fora de lugar; o que mais interessa nele é a afirmação de que a validade da crítica de Burke depende não tanto da realidade objetiva, mas do entendimento e da imaginação do povo quanto a sua condição. Em outras palavras, a crítica burkiana, com sua afirmação do efeito perverso, tornou imperativo que os advogados da mudança radical cultivassem "o sentimento de estarem em uma situação de crise desesperadora",[6] assim como o sentimento que chamei de "fracassomania" nos meus estudos anteriores sobre a implementação de políticas na América Latina; isto é, a convicção de que todas as tentativas de resolver os problemas da nação resultam em um total fracasso. Onde prevalece esse tipo de atitude, a insistência burkiana na possibilidade de mudança gradual e na perfectibilidade das instituições existentes é efetivamente contra-atacada e barrada. Invocando-se a situação de crise desesperadora em que se encontra o povo e lembrando-se o fracasso das tentativas anteriores de reforma, está-se argumentando, explícita ou implicitamente, que a velha ordem precisa ser derrubada e uma nova reconstruída do nada, *não obstante* quaisquer consequências contraproducentes que disso possam resultar. A invocação da situação de crise desesperadora pode ser vista, portanto, como uma manobra retórica de escalada destinada a neutralizar e invalidar o argumento do efeito perverso.*

Procurando uma contrapartida não óbvia do argumento da perversidade, encontrei uma curiosa consequência involuntária da crítica conservadora de Burke à Revolução Francesa. Ao insistir na perfectibilidade das instituições existentes como um argumento contra a mudança radical, suas *Reflections* podem ter contribuído para uma vasta linhagem de escritos radicais que retratam a situação deste ou daquele país como totalmente além de qualquer reparo, reforma ou melhoria.

Chegamos ao fim da nossa digressão em torno da retórica progressista. Tal como sua equivalente reacionária, essa retórica revela-se mais rica em manobras, a maioria de exagero e ofuscação, do que em geral se supõe.

---

* Não quero afirmar que o argumento da situação de crise desesperadora não foi usado antes da Revolução Francesa. Seria difícil superar a seguinte declaração de Emmanuel Sieys, no final do seu "Essai sur les privilèges" (1788): "Virá o tempo em que os nossos ultrajados netos ficarão pasmos ao lerem a nossa história, e em que a mais inconcebível loucura [*la plus inconcevable démence*] será chamada pelos nomes que bem merece". Em Sieys, *Qu'est-ce que le Tiers État?* (Paris, Presses Universitaires de France, 1982), p. 24. Minha tese é que a crítica burkiana aumentou a probabilidade e a incidência desse tipo de pronunciamento extremista.

7. Além da intransigência

UMA VIRADA NA DISCUSSÃO?

Passando, no capítulo anterior, dos "reacionários" para os "progressistas" e para alguns dos argumentos típicos e pontos de debate destes últimos, é possível que eu tenha perdido alguns dos amigos que porventura tenha feito nos três primeiros capítulos, dedicados à dissecação e exposição de vários tipos de retórica reacionária. Apresso-me a tranquilizá-los, recordando brevemente meu principal tema e propósito. A intenção predominante deste livro foi seguir os passos de algumas teses reativas/reacionárias fundamentais ao longo dos debates dos últimos dois séculos, e demonstrar como seus protagonistas seguiram certas invariáveis em argumento e retórica. É claro que a demonstração de que os advogados de causas reacionárias são presas de reflexos inexoráveis e se arrastam previsivelmente por movimentos e manobras determinados não constitui, por si só, uma refutação dos argumentos; isso traz, contudo, algumas consequências bastante corrosivas.

Vou começar com uma de peso menor. Como resultado do meu procedimento, alguns "pensadores profundos" que sempre apresentaram suas ideias como originais e brilhantes ficam parecendo bastante menos impressionantes, e às vezes até cômicos. No início, esse efeito foi involuntário, mas não deixa de ser bem-vindo. Tem havido certa falta de equilíbrio no debate entre progressistas e conservadores: no uso efetivo da potente arma da ironia, os conservadores levam clara vantagem sobre os progressistas. Já a crítica de Tocqueville ao projeto revolucionário, tal como expressa na passagem citada no Capítulo 6, usa um tom sarcástico. Nas mãos dele, o projeto começa a parecer ingênuo e absurdo, mais que infame e sacrílego — caracterização predominante transmitida por críticos anteriores como Maistre e Bonald. Esse aspecto da atitude reacionária para com seus oponentes refletia-se também no termo alemão *Weltverbesserer* (melhorador do mundo), que evoca alguém que assumiu responsabilidades demais e está fadado a um fracasso ridículo. (O termo americano *do-gooder* [fazedor do bem] tem conotações parecidas de irrisão, mas em menor grau, pois seus projetos tendem a ser menos grandiosos que os do *Weltverbesserer*.) Em geral, uma atitude cética, zombeteira, para com os esforços e prováveis realizações dos progressistas é um componente essencial e altamente eficaz da posição conservadora moderna.

Em contraste, os progressistas ficaram atolados na seriedade. A maior parte deles tem sido pródiga em indignação moral e parca em ironia.* O presente volume talvez contribua um pouco para corrigir esse desequilíbrio.

No entanto, dificilmente a tarefa deste livro poderia ser assim justificada. Houve, realmente, uma intenção mais básica: le-

---

* É óbvio que se deve abrir uma exceção para o sempre espirituoso F. M. Cornford.

vantar alguma suspeita — mediante a demonstração de uma repetição no argumento básico — de que o raciocínio "reacionário" padrão, tal como foi exibido aqui, é com frequência *falho*. Na verdade, o fato de um argumento ser usado repetidas vezes não prova que está errado em qualquer instância específica. Já disse isso aqui e ali, mas vale a pena repetir de maneira totalmente direta e geral: com certeza existiram situações em que a "ação social proposital" bem-intencionada teve efeitos perversos, outras em que foi essencialmente fútil e outras ainda em que ameaçou os benefícios devidos a algum avanço anterior. O que eu quero dizer é que, na maior parte das vezes, os argumentos que identifiquei e examinei são intelectualmente *suspeitos* em muitos aspectos.

Uma suspeita geral de abuso dos argumentos é suscitada pela demonstração de que são invocados repetidamente, de forma quase rotineira, para cobrir uma ampla variedade de situações reais. A suspeita aumenta quando se pode mostrar, tal como tentei fazer nas páginas precedentes, que esses argumentos têm um considerável apelo intrínseco, por estarem ligados a mitos poderosos (Hubris-Nêmesis, Divina Providência, Édipo) e a fórmulas interpretativas influentes (*ceci tuera cela*, soma zero) ou por lançarem uma luz lisonjeira sobre seus autores e estimularem seus egos. Em vista desses atrativos externos, torna-se provável que as teses-padrão reacionárias sejam adotadas sem que se leve em conta a sua adequação.

Longe de diluir a minha mensagem, o capítulo precedente sobre a retórica progressista reforça-a ainda mais. Demonstrando que cada um dos argumentos reacionários tem uma ou mais contrapartidas progressistas, gerei *pares* contrastantes de afirmações reacionárias e progressistas sobre a ação social. Vejamos alguns deles:

> Reacionário: A ação pretendida trará resultados desastrosos.
> Progressista: Não realizar a ação pretendida trará resultados desastrosos.

Reacionário: A nova reforma porá em perigo a anterior.
Progressista: A nova e a velhas reformas reforçarão uma à outra.

Reacionário: A ação pretendida tenta mudar características estruturais permanentes ("leis") da ordem social; está, portanto, fadada a ser inteiramente ineficaz, fútil.

Progressista: A ação pretendida apoia-se em poderosas forças históricas que já estão "em marcha"; opor-se a elas seria completamente fútil.

Uma vez demonstrada a existência desses pares de argumentos, as teses reacionárias são rebaixadas, por assim dizer: juntamente com suas equivalentes progressistas, elas tornam-se meras afirmações externas de uma série de debates imaginários e altamente polarizados. Dessa maneira, são efetivamente expostas como *casos-limite*, e necessitam, na maioria das vezes, ser qualificadas, atenuadas ou corrigidas de alguma outra maneira.

COMO NÃO DISCUTIR EM UMA DEMOCRACIA

Tendo justificado a utilidade do Capítulo 6 a partir do mesmo ponto de vista que presidiu à concepção original deste livro, posso agora declarar que escrever aquele capítulo fez-me visualizar um papel mais amplo para todo o exercício. O que acabei fazendo, com efeito, foi mapear as *retóricas da intransigência*, tal como foram praticadas durante muito tempo por reacionários e progressistas.

Flaubert utilizou certa vez uma frase maravilhosa para fustigar as escolas filosóficas opostas que asseveram que tudo é ou pura matéria, ou puro espírito: tais afirmações, disse ele, são "duas impertinências idênticas" (*deux impertinences égales*).[1] Essa expressão serve também para caracterizar os argumentos duplos que acabo de formular.

No entanto, o meu propósito não é "lançar uma praga sobre as vossas duas casas". Ao contrário, é levar o discurso público para além das posturas extremas e intransigentes dos dois lados, com a esperança de que, no processo, nossos debates possam ficar mais "amistosos para com a democracia".* Trata-se de um muito amplo tema, que não posso abordar convenientemente aqui. Basta um pensamento para concluir.

As reflexões recentes sobre a democracia produziram dois valiosos insights, um deles histórico, sobre as origens das democracias pluralistas, e o outro teórico, sobre as condições a longo prazo para a estabilidade e a legitimidade de tais regimes. Reconhece-se cada vez mais que, tipicamente, os regimes pluralistas modernos não surgiram devido a um amplo consenso preexistente acerca de "valores básicos", mas antes porque vários grupos que estiveram em pé de guerra por um longo período foram forçados a reconhecer sua incapacidade mútua para alcançar a dominação. A tolerância e a aceitação do pluralismo acabaram resultando de um *empate* entre grupos opostos visceralmente hostis.[2]

Esse ponto de partida histórico da democracia não é um augúrio muito promissor para a estabilidade desses regimes. A questão é óbvia, mas fica-o ainda mais quando posta em contato com a alegação teórica de que um regime democrático realiza a legitimidade na medida em que suas decisões resultem da deliberação plena e aberta de seus principais grupos, corpos e representantes. A deliberação é concebida aqui como um processo formador de opinião: os participantes não devem ter opiniões formadas de maneira plena ou definitiva no início; espera-se que se dediquem a um debate significativo, o que quer dizer que devem estar dispos-

---

* Um termo cunhado por analogia com o agora comum "amistoso para com o usuário" e o alemão *umweltfreundlich* (amistoso para com o ambiente).

tos a modificar as opiniões que tinham anteriormente à luz dos argumentos dos demais participantes, e também como resultado das informações tornadas acessíveis no curso do debate.[3]

Se é isso que é preciso para que o processo democrático se torne autossustentante e adquira uma estabilidade e uma legitimidade de longo prazo, então o fosso que separa tal estado dos regimes pluralistas democráticos que surgiram historicamente do conflito e da guerra civil é inquietante e perigosamente profundo. É pouco provável que um povo que ainda ontem estava mergulhado em lutas fratricidas se acomode da noite para o dia ao toma lá dá cá das deliberações construtivas. É muito mais provável que no início eles concordem em discordar, mas sem qualquer tentativa de combinar pontos de vista contrários — essa é, de fato, a natureza da tolerância religiosa. Ou então, se houver uma discussão, será um típico "diálogo de surdos" — que funcionará, na verdade e por muito tempo, como uma prolongação da guerra civil, e um substituto para ela. Mesmo nas democracias mais "avançadas" muitos debates são, parafraseando Clausewitz, "uma continuação da guerra civil, mas com outros meios". Tais debates, com cada um dos partidos em busca de argumentos mortíferos, são bem conhecidos da política democrática usual.

Resta então um longo e difícil caminho a ser trilhado a partir do discurso destrutivo e intransigente tradicional, para chegar a um tipo de diálogo mais "amistoso para com a democracia". Para os que quiserem empreender essa jornada pode ser valioso conhecer alguns sinais de perigo, tais como os argumentos que são de fato engenhocas concebidas especificamente para impossibilitar o diálogo e a deliberação. Tentei aqui fornecer uma descrição sistemática e historicamente embasada desses argumentos em um lado da divisão tradicional entre "progressistas" e "conservadores" — e depois acrescentei, de maneira muito mais breve, uma descrição similar para o outro lado. Em comparação com o meu plano inicial de expor apenas os simplismos da retórica reacionária, acabei fazendo uma contribuição mais equânime — que, em última instância, poderia servir a um propósito mais ambicioso.

Agradecimentos

Tal como foi observado no Capítulo 1, a ideia deste livro tomou forma como resultado da minha participação no grupo executivo formado pela Fundação Ford em 1985 para dar sugestões sobre a política de bem-estar social nos Estados Unidos, e mais especificamente quando refleti sobre as palavras introdutórias de Ralf Dahrendorf na primeira reunião. Uma influência geradora mais remota pode ter sido a vigorosa reabilitação da retórica por Donald McCloskey, como um ramo legítimo de pesquisa para economistas e cientistas sociais. Enquanto escrevia, recebi ajuda e estímulo de vários leitores dos esboços preliminares dos capítulos. Entre eles quero mencionar sobretudo William Ewald, Joseph Frank, Luca Meldolesi, Nicoletta Stame, Fritz Stern e Margaret Weir. A correspondência com David Bromwich, Isaac Kramnick, Jerry Muller e Edmund Phelps ajudou-me a esclarecer alguns pontos e enigmas. Pierre Andler, tradutor deste livro para o francês, e Rebecca Scott fizeram uma leitura final minuciosa dos manuscritos. No transcurso de uma longa busca de um título preciso, Peter Railton e Emma Rothschild fizeram contribuições fundamentais.

Os amigos e leitores que chamam a atenção de um autor para textos específicos que lhe permitem reforçar ou adornar a sua argumentação são espíritos altruístas de tipo especial. Entre eles estão Walter Hinderer, Stephen Holmes, bispo Pietro Rossano e Quentin Skinner. Eles me encaminharam trechos muito adequados para citação, tirados de obras de Schiller, Maistre, Lampedusa e Hobbes, respectivamente. Dennis Thompson deu-me valiosos conselhos bibliográficos ligados à minha investigação em torno do Voting Reform Bill de 1867 na Inglaterra.

Finalmente, é um prazer reconhecer uma grande dívida intelectual e pessoal para com Bernard Manin. Seus escritos sobre a teoria democrática foram uma fonte de contínuo estímulo, e ele teceu comentários generosos e com a costumeira acuidade sobre o meu manuscrito em evolução, quando nos encontramos em sucessivos verões nos Alpes franceses.

Partes deste livro foram apresentadas como conferências públicas e em encontros científicos. Uma versão resumida do Capítulo 2 foi apresentada como uma Conferência Tanner na Universidade de Michigan em abril de 1988, e depois disso no Centre Raymond Aron em Paris e no Siemensstiftung em Munique. Foi publicado em *The Tanner Lectures on Human Values*, vol. 10 (Salt Lake City, University of Utah Press, 1989) e, em formato ainda mais reduzido, na *Atlantic* de maio de 1989. Em Ann Arbor, aproveitei-me das críticas especialmente pertinentes de John Diggins, Stephen Holmes e Charles Tilly. O Capítulo 3 foi apresentado, mais uma vez em versão resumida, em uma conferência sobre a sociedade civil, realizada em agosto de 1989 em Castelgandolfo com o patrocínio do Vienna Institut für die Wissenschaften vom Menschen, e em fevereiro de 1990 em um seminário Lionel Trilling na Universidade de Columbia em Nova York. Nessa ocasião, Stanley Hoffmann e Stephen Holmes contribuíram com comentários incisivos. O Capítulo 4 foi submetido, como texto de discussão, a uma conferência sobre a

Filosofia da Escolha Social, realizada em junho de 1990 em Varsóvia, patrocinada pela Academia Polonesa de Ciências e pelo American Council of Learned Societies.

De 1985 a 1989, o processamento do meu texto manuscrito foi realizado com maravilhosa habilidade, inteligência e entusiasmo por Lynda Emery. Depois que ela se foi de Princeton, Lucille Allsen e Rose Marie Malarkey assumiram, e levaram com competência o manuscrito até seus últimos estágios. Marcia Tuckor, da biblioteca do Instituto de Estudos Avançados de Princeton, forneceu-me valiosa assistência bibliográfica.

Notas

1. DUZENTOS ANOS DE RETÓRICA REACIONÁRIA (PP. 13-21)

1. O relatório do grupo foi publicado posteriormente como *The common good: social welfare and the American future*, Policy Recommendations of the Executive Panel (Nova York, Ford Foundation, 1989).

2. T. H. Marshall, "Citizenship and social class", Conferências Alfred Marshall, pronunciadas em 1949 na Cambridge University, *in* Marshall, *Class, citizenship, and social development* (Nova York, Doubleday, 1965), cap. 4.

3. Alfred N. Whitehead, *Symbolism* (Nova York, Capricorn, reimp. 1959), p. 88.

4. Uma lista curta de títulos relevantes: François Bourricaud, *Le retour de la droite* (Paris, Calmann-Lévy, 1986); Jacques Godechot, *La contre-révolution* (Paris, Presses Universitaires de France, 1961); Russell Kirk, *The conservative mind, from Burke to Eliot* (Chicago, Regnery, 1960); Karl Mannheim, *Conservatism* (Londres, Routledge & Kegan Paul, 1986); Michael Oakeshott, *Rationalism in politics, and other essays* (Londres, Methuen, 1962), particularmente o ensaio-título e "On being conservative"; Anthony Quinton, *The politics of imperfection* (Londres, Faber & Faber, 1978); Roger Scruton, *The meaning of conservatism* (Londres, Macmillan, 1980); e Peter Steinfels, *The neoconservatives* (Nova York, Simon & Schuster, 1979).

5. Ver Jean Starobinsky. "La vie et les aventures du mot 'réaction'", *Modern Language Review* 70 (1975), XXII-XXXI; também Bronislaw Baczko, *Comment*

sortir de la terreur. Thermidor et la Révolution (Paris, Gallimard, 1989), pp. 328-36.

6. Citado em Starobinsky, "La vie du mot 'réaction'", p. XXIII.

7. I. Bernard Cohen, "The Newtonian scientific revolution and its intellectual significance", *Bulletin of the American Academy of Arts and Sciences* 41 (dezembro de 1987), 16.

8. Ferdinand Brunot, *Histoire de la langue française des origines a 1900* (Paris, A. Colin, 1922-53), vol. 9, parte 2, p. 844.

9. Benjamin Constant, *Écrits et discours politiques*, O. Pozzo di Borgo (org.) (Paris, Jean-Jacques Pauvert, 1964), vol. 1, pp. 84-5.

2. A TESE DA PERVERSIDADE (PP. 22-52)

1. Um amplo levantamento do efeito perverso feito por um sociólogo pode ser encontrado em Raymond Boudon, *Effets pervers et ordre social* (Paris, Presses Universitaires de France, 1977).

2. Edmund Burke, *Reflections on the Revolution in France*, org. e intr. de Conor Cruise O'Brien (Middlesex, Penguin Classics, 1986), pp. 313, 345.

3. Alfred Cobban, *Edmund Burke and the revolt against the eighteenth century* (Londres, Allen & Unwin, 1929), p. 123.

4. De Friedrich Schiller a Herzog Friedrich Christian von Augustenburg, 13 de julho de 1793, em *Schiller's Briefe*, Fritz Jonas (org.) (Stuttgart, Deutsche Verlagsanstalt, 1892-96), vol. 3, p. 333.

5. Adam Müller, *Schriften zur Staatsphilosophie*, Rudolf Kohler (org.) (Munique, Theatiner-Verlag, 1923), p. 232. A passagem é do ensaio escrito por Müller em 1819, "Von der Notwendigkeit einer theologischen Grundlage der gesamten Staatswissenschaften und der Staatswirtschaft insbesondere" [Sobre a necessidade de uma base teológica para as ciências sociais e para a economia política em particular]; ela é citada com destaque em Carl Schmitt, *Politische Romantik*, 2ª ed. (Munique, Duncker & Humblot, 1925), p. 170.

6. Por Conor Cruise O'Brien em sua introdução a Burke, *Reflections*, pp. 70-3.

7. Burke, *Reflections*, pp. 138, 271.

8. *The letters of Jacob Burckhardt*, A. Dru (org.) (Londres, Routledge & Kegan Paul, 1955), p. 93.

9. Gustave Flaubert, *Correspondance* (Paris, Conard, 1930), vol. 6, pp. 33, 228, 282, 287.

10. *Ibid.*, p. 287.

11. Henrik Ibsen, *Um inimigo do povo*, ato 4.
12. Herbert Dieckmann, "Diderot's conception of genius", *Journal of the History of Ideas* 2 (abril de 1942), pp. 151-82.
13. Gustave Le Bon, *Psychologie des foules* (Paris, Félix Alcan, 1895), p. 4.
14. *Ibid.*, p. 169.
15. *Ibid.*, p. 187.
16. Herbert Spencer, *The man versus the state* (Caldwell, Idaho, Caxton Printers, 1940), p. 86.
17. Milton Friedman, *Capitalism and freedom* (Chicago, University of Chicago Press, 1962), p. 180.
18. Edward Bulwer-Lytton, *England and the English* (Nova York, Harper, 1833), vol. 1, p. 129. Parte dessa passagem é citada em Gertrude Himmelfarb, *The idea of poverty: England in the early industrial age* (Nova York, Knopf, 1984), p. 172.
19. Charles Murray, *Losing ground. America's social policy, 1950-1980* (Nova York, Basic Books, 1984), p. 9.
20. Trata-se do sumário de Himmelfarb das repetidas acusações de William Cobbett à New Poor Law em seu panfleto *A legacy to labourers* (Londres, 1834). Ver *The idea of poverty*, p. 211.
21. Citado em Himmelfarb, *The idea of poverty*, p. 182.
22. Ver Nicholas C. Edsall, *The Anti-Poor Law movement, 1834-44* (Manchester, Manchester University Press, 1971).
23. E. P. Thompson, *The making of the English working class* (Nova York, Vintage, 1963), p. 267.
24. Jay W. Forrester, "Counterintuitive behavior of social systems", *Technology Review* 73 (janeiro de 1971).
25. Nathan Glazer, "The limits of social policy", *Commentary* 52 (setembro de 1971).
26. Para uma avaliação não catastrófica, ver Mary Jo Bane, "Is the Welfare State replacing the family?", *Public Interest* 70 (inverno de 1983), 91-101.
27. Joseph de Maistre, *Considérations sur la France*, Jean-Louis Darcel (org.) (Genebra, Slatkine, 1980), p. 95.
28. Thomas Hobbes, *Leviatã* II, cap. 30.
29. Anson Rabinbach, "Knowledge, fatigue and the politics of industrial accidents", em *Social knowledge and the origins of modern social policy*, Dietrich Rueschemeyer e Theda Skocpol (org.).
30. Fred Block e Francis Fox Piven, "The contemporary relief debat", *in* Fred Block e outros, *The mean season: the attack on the Welfare State* (Nova York, Pantheon, 1987), p. 96.
31. *Ibid.*, pp. 96-8.

3. A TESE DA FUTILIDADE (PP. 53-89)

1. Alphonse Karr, *Les guêpes*, nova ed. (Paris, Calmann-Lévy, 1891), vol. 6, p. 305.
2. Giuseppe Tommasi di Lampedusa, *Il gattopardo* (Milão, Feltrinelli, 1959), p. 42.
3. Edmund Burke, *Reflections on the Revolution in France*, org. e intr. de Conor Cruise O'Brien (Middlesex, Penguin Classics, 1986), p. 92.
4. Charles de Rémusat, "'L'Ancien Régime et la Révolution' par Alexis de Tocqueville", *Revue des Deux Mondes* 4 (1856), 656.
5. J. J. Ampre, *Mélanges d'histoire litéraire* (Paris, 1877), vol. 2, pp. 320-3. O trecho citado aqui é reproduzido de uma resenha escrita em 1856. Ver também Richard Herr, *Tocqueville and the Old Regime* (Princeton, Princeton University Press, 1962), pp. 108-9.
6. François Furet, *Penser la Révolution Française* (Paris, Gallimard, 1978), p. 31. Ênfase adicionada.
7. Alexis de Tocqueville, *L'Ancien Régime et la Révolution*, 4ª ed. (Paris, 1860), p. 333.
8. Gaetano Mosca, *The ruling class* (*Elementi di scienza politica*), org. e intr. de Arthur Livingston (Nova York, McGraw-Hill, 1939), p. x.
9. *Ibid.*, pp. 284-5.
10. Gaetano Mosca, "Teorica dei governi e governo parlamentare", em *Scritti politici*, Giorgio Sola (org.) (Turim, U.T.E.T., 1982), vol. 1, p. 476; tradução adaptada a partir de James H. Meisel, *The myth of the ruling class* (Ann Arbor, University of Michigan Press, 1958), p. 106. Ênfase no original.
11. Mosca, "Teorica", p. 478. Ênfase no original.
12. Richard Bellamy, *Modern Italian social theory* (Stanford, Stanford University Press, 1987), pp. 40-1.
13. Gaetano Mosca, *Il tramonto dello stato liberale*, Antonio Lombardi (org.) (Catania, Bonanno, 1971), pp. 82-8, 123-41.
14. Vilfredo Pareto, *Cours d'économie politique*, G. H. Bousquet e Giovanni Busino (org.) (Genebra, Droz, 1964), § 1054.
15. *Ibid.*, § 1055.
16. Moisei Ostrogorski publicou a sua pioneira obra em dois volumes, *La démocratie et les partis politiques* (Paris, Calmann-Lévy), em 1903. Segundo o prefácio (vol. 1, p. x), as suas descobertas sobre o sistema político americano haviam sido publicadas já em 1888-9, nos *Annales des sciences politiques*, e, portanto, é bem possível que Pareto tivesse conhecimento delas quando escreveu o *Cours*. Pesquisando a influência da obra de Ostrogorski sobre os cientistas so-

ciais contemporâneos, Seymour Martin Lipset, erroneamente, dá como data de publicação o "início da década de 1890". Ver o artigo de Lipset, altamente instrutivo com exceção deste detalhe, "Moisei Ostrogorski and the analytical approach to the comparative study of political parties", em Lipset, *Revolution and counterrevolution* (Nova York, Basic Books, 1968), p. 366.

17. Pareto, *Cours*, 1056.

18. Vilfredo Pareto, "La courbe de la répartition de la richesse" (1896), republicado em Pareto, *Écrits sur la courbe de répartition de la richesse*, org. e intr. de Giovanni Busino (Genebra, Droz, 1965), pp. 1-15; *Cours*, parágrafos 950-8.

19. Pareto, "La courbe", p. 3.

20. *Palgrave's dictionary of political economy* (Londres, Macmillan, ed. de 1926).

21. Publicado pela primeira vez em Genebra sob o título *Zur Soziologie des Parteiwesens in der modernen Demokratie* (Leipzig, Klinkhardt, 1911) e traduzido para o inglês, com uma introdução de Seymour Martin Lipset, como Robert Michels, *Political parties* (Nova York, Free Press, 1962).

22. Pareto, *Cours*, § 965.

23. Pareto, *Écrits sur la courbe*, p. x.

24. *Ibid.*, p. 17.

25. Lampedusa, *Il gattopardo*, p. 219.

26. James Fitzjames Stephen, *Liberty, equality, fraternity*, R. J. White (org.) (Cambridge, Cambridge University Press, 1967), p. 211. Ver também James A. Colaiaco, *James Fitzjames Stephen and the crisis of Victorian thought* (Nova York, St. Martin's Press, 1983), p. 154. James Fitzjames Stephen era irmão de Leslie Stephen, mais liberal e mais famoso, que contribuiu com um eloquente artigo a favor da reforma eleitoral para os *Essays on reform*, de 1867, republicados em 1967 como *A plea for democracy*. Ver também o Capítulo 6, nota 2.

27. Stephen, *Liberty, equality, fraternity*, p. 212.

28. George Stigler, "Director's law of public income distribution", *Journal of Law and Economics* 13 (abril de 1970), pp. 1-10.

29. Milton e Rose Friedman, *Free to choose* (Nova York, Avon Books, 1979), p. 109.

30. Gordon Tullock, *Welfare for the well-to-do* (Dallas, Fisher Institute, 1983).

31. Gordon Tullock, *Economics of income redistribution* (Hingham, Massachusetts, Kluwer Nijhoff, 1983).

32. *Ibid.*, pp. 100-1.

33. Martin Feldstein, "Unemployment compensation: adverse incentives and distributional anomalies", *National Tax Journal* 27 (junho de 1974), pp. 231-44; citação na p. 231.

34. *Ibid.*, p. 237.

35. Martin Feldstein, "New evidence on the distribution of unemployment insurance benefits", *National Tax Journal* 30 (junho de 1977), pp. 219-22.

36. Feldstein, "Unemployment compensation", p. 257.

37. Robert E. Goodin e Julian LeGrand, *Not only the poor: the middle classes and the Welfare State* (Londres, Allen & Unwin, 1987).

38. Ver Anne O. Krueger, "The political economy of the rent-seeking society", *American Economic Review* 64 (maio de 1974), pp. 291-303; e James M. Buchanan e outros, *Toward a theory of the rent-seeking society* (College Station, Texas A&M University Press, 1980).

39. Ver Albert O. Hirschman, "Ideology: mask or nessus shirt?", em *Comparison of economic systems*, Alexander Eckstein (org.) (Berkeley, University of California Press, 1971), p. 295.

4. A TESE DA AMEAÇA (PP. 90-137)

1. Isaiah Berlin, "Two concepts of liberty", reimpresso *in* Berlin, *Four essays on liberty* (Oxford, Oxford University Press, 1969), cap. 3. Berlin não menciona nem T. H. Marshall nem Benjamin Constant.

2. Ver Quentin Skinner, "The paradoxes of political liberty", em *The Tanner lectures on human values* (Salt Lake City, University of Utah Press, 1986), vol. 7, pp. 227-50. Este excelente texto contém extensas referências à literatura.

3. Benjamin Constant, "De la liberté des Anciens comparée à celle des Modernes", *in* Constant, *De la liberté chez les Modernes*, Marcel Gauchet (org.) (Paris, Le Livre de Poche, 1980), pp. 491-518. A distinção feita por Constant entre os dois conceitos de liberdade já podia ser encontrada em Madame de Staël, Emmanuel Sieys e até em Rousseau. Ver "Madame de Staël" (por Marcel Gauchet), *in* François Furet e Mona Ozouf, *Dictionnaire critique de la Révolution Française* (Paris, Flammarion, 1988), p. 1057; para Sieys, ver Pasquale Pasquino, "Emmanuel Sieys, Benjamin Constant et le 'gouvernement des Modernes'", *Revue Française de Science Politique* 37 (abril de 1987), pp. 214-28; Rousseau, que Constant criticava por ignorar essa distinção, tinha às vezes bastante consciência dela, como, por exemplo, em suas *Lettres écrites de la montagne,* tal como foi observado no meu livro *Shifting involvements* (Princeton, Princeton University Press, 1982), p. 98.

4. J. R. M. Butler, *The passing of the Great Reform Bill* (Nova York, Augustus M. Kelley, 1965), pp. 240-1.

5. *Ibid.*, p. 237.

6. Citado em "The real character and tendency of the proposed reform", panfleto anônimo (Londres, Roake & Varty, 1831), p. 21.

7. Asa Briggs, *The age of improvement* (Londres, Longmans, Green, 1959), p. 258.

8. Citado em Butler, *Reform Bill*, p. 257.

9. Thomas W. Schelling, *The strategy of conflict* (Cambridge, Massachusetts, Harvard University Press, 1960), p. 57.

10. F. B. Smith, *The making of the second Reform Bill* (Cambridge, Cambridge University Press, 1966), p. 233.

11. Ver Briggs, *Age of improvement*, p. 513. O último capítulo, sobre o Reform Bill de 1867, é intitulado "The leap in the dark" [O salto no escuro]. A frase foi atribuída a Macaulay, em um de seus discursos a favor do Reform Bill de 1832, mas foi lord Derby, em 1867, que a tornou famosa. Ver Gertrude Himmelfarb, *Victorian minds* (Nova York, Knopf, 1968), p. 383.

12. The Right Hon. Robert Lowe, M. P., *Speeches and Letterson Reform* (Londres, 1867), p. 170.

13. *Ibid.*, p. 61.

14. *The letters of Thomas Babbington Macaulay*, Thomas Pinney (org.) (Cambridge, Cambridge University Press, 1981), vol. 6, p. 94. Nesta carta, Macaulay antecipa a tese formulada por Frederick Jackson Turner no fim do século, segundo a qual a fronteira americana serve de válvula de escape para os conflitos sociais.

15. *Ibid.*

16. W. E. H. Lecky, *Democracy and liberty* (Londres, Longmans, 1896), vol. 1, p. 18.

17. Lowe, *Speeches*, pp. 158, 161, 147ss.

18. *Ibid.*, p. 149.

19. Sir Henry Summer Maine, *Popular government: four essays* (Nova York, Henry Holt, 1886), pp. 35-6.

20. *Ibid.*, pp. 97-8. Ênfase minha.

21. Gustave Le Bon, *Psychologie des foules* (Paris, Félix Alcan, 1895), p. 44.

22. Citado em Himmelfarb, *Victorian minds*, p. 334.

23. Lowe, *Speeches*, p. 76.

24. *Quarterly Review* 127 (1869), pp. 541-2, citado em Himmelfarb, *Victorian minds*, pp. 357-8.

25. W. L. Guttsman (org), *A plea for democracy*, pp. 72-92; e Hirschman, *Shifting involvements*, pp. 115-6.

26. M. Prévost-Paradol, *Quelques pages d'histoire contemporaine*, série 4 (Paris, Michel Lévy, 1867), p. vi.

27. Fustel de Coulanges, *La cité antique* (Paris, Hachette, 1885), pp. 1-2.

28. *Ibid.*, p. 268.

29. *Ibid.*, pp. 268-9.

30. François Furet sublinha esta questão em "Burke ou la fin d'une seule histoire d'Europe", *Le Débat* 39 (março-abril de 1986), pp. 56-66.

31. Edmund Burke, "Letter to a member of the French National Assembly in answer to some objections to his book on French affairs", *in* Burke, *Works* (Boston, Little, Brown, 1839), vol. 3, p. 326.

32. Edmund Burke, *Reflections on the revolution in France*, org. e intr. de Conor Cruise O'Brien (Middlesex, Penguin Classics, 1986), pp. 125-6.

33. Walter Bagehot, "Letter on the new constitution of France and the aptitude of the French character for national freedom" (20 de janeiro de 1852), reproduzida em Norman St. John-Stevas, *Walter Bagehot: a study on his life and thought, together with a selection from his political writings* (Bloomington, Indiana University Press, 1959), pp. 424, 426.

34. Stefan Collini, Donald Winch e John Burrow, *That noble science of politics: a study in nineteenth-century intellectual history* (Cambridge, Cambridge University Press, 1983), p. 175. De acordo com o prefácio deste excelente estudo, o capítulo sobre Bagehot do qual eu cito foi escrito por Burrow.

35. Max Scheler, "Der Geist und die ideellen Grundlagen der Demokratien der grossen Nationen" [O espírito e as bases ideacionais das democracias das grandes nações], reimpresso em Scheler, *Schriften zur Soziologie und Weltanschauungslehre*, 2ª ed. (Berna, Francke, 1963), *Gesammelte Werke*, vol. 6, pp. 158-86. Ver também os interessantes comentários sobre esse ensaio em Adolph Lowe, *Has freedom a future?* (Nova York, Praeger, 1988), pp. 68-73.

36. Scheler, "Der Geist", pp. 182-3.

37. Ver o ensaio de Max Scheler de 1919, "Von zwei deutschen Krankheiten" [Sobre duas doenças alemãs], em *Schriften zur Soziologie*, pp. 204-19. Scheler publicou os dois textos em uma coletânea intitulada *Nation und Weltanschauung* sem fazer em seu prefácio qualquer referência à contradição entre o ensaio de 1916 e o de 1919. As posições de Scheler durante a guerra são discutidas na introdução de Lewis Cosar em *Ressentiment* (Nova York, Free Press of Glewcoe, 1961), p. 8.

38. Friedrich A. Hayek, *The road to serfdom* (Chicago, University of Chicago Press, reimp., 1976).

39. *Ibid.*, pp. 120-2, 128.

40. Ver José Harris, "Einige Aspekte der britischen Sozialpolitik während des Zweiten Weltkriegs" [Alguns aspectos da política social inglesa durante a Segunda Guerra Mundial], em *Die Entstehung des Wohlfahrtsstaats in Grossbritannien und Deutschland, 1850-1950* [O desenvolvimento do Welfare State na Grã-Bretanha e na Alemanha, 1850-1950], Wolfgang J. Mommsen (org.) (Stuttgart, Klett-Cotta, 1982), pp. 255-70.

41. Friedrich A. Hayek, "Freedom and the economic system", *Contemporary Review* (abril de 1938); reimpresso de forma ampliada em *Public Policy Pamphlet* 29, H. D. Gideonse (org.) (Chicago, University of Chicago Press, 1938), p. 28.

42. Friedrich A. Hayek, *The constitution of liberty* (Chicago, University of Chicago Press, 1968), p. 256.

43. *Ibid.*, pp. 289-90.

44. Richard Titmuss, *Essays on the "Welfare State"* (Londres, Allen & Unwin, 1958), p. 34.

45. James O'Connor, *The fiscal crisis of the state* (Nova York, St Martin's Press, 1972); o artigo, do mesmo título, foi publicado em *Socialist Revolution* 1 (janeiro--fevereiro de 1970), pp. 12-54.

46. O'Connor, *Fiscal crisis*, p. 6.

47. *Ibid.*, p. 10.

48. Jürgen Habermas, *Legitimationsprobleme im Spätkapitalismus* (Frankfurt, Suhrkamp, 1973) e *Legitimation crisis* (Boston, Beacon Press, 1975).

49. O título completo é *The crisis of democracy: report on the governability of democracies to the Trilateral Commission*, de Michel J. Crozier, Samuel P. Huntington e Joji Watanuki (Nova York, New York University Press, 1975).

50. *Ibid.*, p. 64. Ênfase no original.

51. *Ibid.*, p. 73.

52. Huntington tampouco o faz em sua obra posterior, de maior envergadura, *American politics: the promise of disharmony* (Cambridge, Massachusetts, Harvard University Press, 1981), que elabora muitos dos temas de seu ensaio em *The crisis of democracy*.

53. Ver Samuel P. Huntington, "Political development and political decay", *World Politics* 17 (abril de 1965), pp. 386-430; e *Political order in changing societies* (New Haven, Yale University Press, 1968).

54. George M. Foster, *Tzintzuntzan: Mexican peasants in a changing world* (Boston, Little, Brown, 1967), cap. 6.

55. Esse tema está ligado a um interesse anterior meu: em *Journeys toward progress* (Nova York, Twentieth Century Fund, 1963), analisei diversas possibilidades de progresso — mediante apoio nas votações, mudanças de alianças e coisas do gênero — em duas propostas de reformas que se apresentam para ação mais ou menos ao mesmo tempo. Ver "Digression: models of reformmongering", no cap. 5, pp. 285-97.

56. Ver Huntington, *Political order*, cap. 2; e Stein Rokkan, "Dimensions of state formation and nation-building", em *The formation of states in western Europe*, Charles Tilly (org.) (Princeton, Princeton University Press, 1975), pp. 562-600. Vários caminhos sequenciais são explorados em Dankwart A. Rustow, *A world of nations* (Washington, D.C., Brookings Institution, 1967), cap. 4.

57. Albert O. Hirschman, *The strategy of economic development* (New Haven, Yale University Press, 1958), pp. 118-9. O tema é tratado mais extensamente em meu artigo de 1968, "The political economy of import-substituting industrialization in Latin America", reimpresso em Hirschman, *A bias for hope: essays on development in Latin America* (New Haven, Yale University Press, 1971), pp. 91-6.

5. AS TRÊS TESES COMPARADAS E COMBINADAS (PP. 138-53)

1. Sobre o pano de fundo da afirmação de Marx, ver Bruce Mazlish, "The tragic farce of Marx, Hegel and Engels: a note", *History and Theory* 11 (1972), pp. 335-7.

6. DA RETÓRICA REACIONÁRIA À RETÓRICA PROGRESSISTA (PP. 154-67)

1. Leslie Stephen, "On the choice of representatives by popular constituencies", in *A plea for democracy*, org. e intr. de W. C. Guttsman (Londres, McGibbon & Kee, 1967), pp. 79-92. Discuto esse argumento em *Shifting involvements* (Princeton, Princeton University Press, 1981), pp. 115-6.

2. Helvetius, *De l'esprit* (Paris, 1758), p. 53.

3. Alexis de Tocqueville, *L'Ancien Régime et la Révolution*, 4ª ed. (Paris, 1860), pp. 238-9.

4. Tal profusão é impressionantemente demonstrada em Paul Bénichou, *Le temps des prophètes: doctrines de l'âge romantique* (Paris, Gallimard, 1977).

5. Charles de Rémusat, "Burke: sa vie et ses écrits", *Revue des Deux Mondes* (1853), p. 453. Grifos meus. Esse texto notável é citado em François Furet, "Edmund Burke ou la fin d'une seule histoire de l'Europe", *Le Débat* 39 (março-maio 1986), p. 65. Furet atribui a Pierre Rosanvallon o crédito por tê-lo descoberto.

6. Robert C. Tucker, "The theory of charismatic leadership", *Daedalus* 97 (verão de 1968), p. 75.

7. ALÉM DA INTRANSIGÊNCIA (PP. 168-74)

1. De Gustave Flaubert à sua sobrinha Caroline, março de 1868, em Flaubert, *Correspondance* (Paris, Conard, 1929), vol. 5, p. 367. Flaubert, comentando sobre a disputa filosófica acerca da primazia da matéria ou do espírito, concluiu:

"Bref, je trouve le Matérialisme et le Spiritualisme deux impertinences égales" [Em resumo, acho que o Materialismo e o Espiritualismo são duas impertinências iguais]. Ver também Jacques Derrida, "Une idée de Flaubert", em sua coletânea *Psyché* (Paris, Gallimard, 1987), pp. 305-25.

2. Bernard Crick, *In defense of politics*, ed. rev. (Baltimore, Penguin Books, 1964), cap. 1; e Dankwart Rustow, "Transitions to democracy", *Comparative Politics* 2 (abril de 1970), pp. 337-64.

3. Essa questão é defendida de modo persuasivo em Bernard Manin, "On legitimacy and political deliberation", *Political Theory* 15 (agosto de 1987), pp. 338-368.

1ª EDIÇÃO [1992] 1 reimpressão
2ª EDIÇÃO [2019]

ESTA OBRA FOI COMPOSTA PELA PÁGINA VIVA EM MINION
E IMPRESSA EM OFSETE PELA GRÁFICA BARTIRA SOBRE PAPEL PÓLEN SOFT
DA SUZANO S.A. PARA A EDITORA SCHWARCZ EM JULHO DE 2019

A marca FSC® é a garantia de que a madeira utilizada na fabricação do papel deste livro provém de florestas que foram gerenciadas de maneira ambientalmente correta, socialmente justa e economicamente viável, além de outras fontes de origem controlada.